가사체 금강경과
정본 한문 금강경

무비스님·조현춘 공역

운주사

서문

'사람은 어떻게 살아야 하는가?'

이 질문은 인간이 그 역사를 시작하면서부터 품어온 인간존재에 대한 본질적인 문제입니다. 기계 문명의 발달로 물질을 누리는 삶은 눈부시게 풍요롭고 편리하게 되었으나 '사람은 어떻게 살아야 하는가?'라는 문제에서는 실로 그 의문이 적지 않습니다. 이것은 매우 어려운 문제지만 '가장 사람답게 사는 일'이라고 할 수 있을 것입니다. 그렇습니다. 사람인 이상 무엇보다도 중요하며 우선해야 할 일은 '가장 사람답게 사는 일'입니다.

어떻게 사는 것이 가장 사람답게 사는 일이겠습니까? 그 문제에 대한 올바른 길을 제시하기 위해서 그동안 수많은 현철들이 세상에 오시어 많은 가르침들을 남겨 놓았습니다. 불교에서는 사람이 사는 올바른 길을 위한 팔만 사천의 가르침을 제시하고 있습니다.

대심거사 조현춘 교수님께서 '금강경 원고'를 들고 소승을 처음 찾아 온 것도 벌써 20년 세월이 흘렀습니다. 처음에는 조금은 뜬금없다는 생각도 했습니다만, 대심거사님께서는 '인류 정신문화를 대표하는 단 한 권의 책'을 현대어로 완벽하게 번역하기 위해 40년 세월을 꾸준히 노력해 오셨습니다. 거사님께서는 늘 '저는 화화회(화엄경과 화이트헤드 연구회) 학자들이 다 만들어 놓은 것을 스님께 가지고 왔을 뿐입니다'면서 모든 공덕을 화화회에 돌리셨습니다. 어떤 의미에서는 거사님의 말씀이 옳습니다. 아무리 능력 있고 아무리 노력한다 한들 개인이 이렇게 큰 일을 할 수는 없습니다. 20년 세월을 꾸준히 매주 모임을 갖는 학자님들의 모임은

전 세계에서도 유례를 찾아보기 힘들다고 합니다. 화화회의 학자님들에게 존경과 감사의 말씀을 드립니다.

거사님께서는 '행복하고 빛이 나고 향기 났던 사람들과 행복하고 빛이 나고 향기 나는 사람들은 거의 전부가 금강경을 독송했던 사람'이라면서 최근에는 '가사체 금강경 독송회'를 결성하였습니다. 이 모임을 통해 부처님의 진리, 즉 '사람답게 사는 방법'을 체화하여, 이생에서도 많은 행복을 누리시고, 내생에서는 극락왕생하시기를 축원드립니다.

모쪼록 참 진리인 부처님 말씀을 현대 한글로 읽고, 그 인연공덕으로 삶의 의미를 깨닫고 행복하시기를 축원드립니다.

여천如天 무비無比 합장

일러두기 1 : 정본 한문 금강경

우리가 원본으로 활용하는 금강경은 대충 10종 정도가 됩니다. 가장 잘 알려진 구마라집 한문 금강경과 다른 5분의 한문 금강경, Conze의 범어 금강경과 Muller의 범어 금강경, 티베트어본, 몽골어본 등 10종입니다. 문제는 어느 금강경도 완본이라고 할 수 없으며, 오자와 탈자가 매우 심하다는 사실입니다. 처음에는 범어본을 일차 원본으로 하려고 하였으나, 탈자가 너무 심하여 도저히 일차 원본으로 할 수가 없었습니다. 그래서 그중 완벽해 보이는 구마라집 한문 금강경(고려대장경, 돈황막고굴본)을 일차 원본 금강경으로 하였습니다.

일차 원본인 구마라집 한문 금강경을 다른 9본의 금강경, 즉 유지본 진제본 급다본 현장본 의정본 등의 한문 금강경 5본과, Conze본 Muller본 등의 범어 금강경, 티베트어본 몽골어본 등을 상호 대조하여 〈정본 한문 금강경〉을 결정하였습니다. 〈정본 한문 금강경〉의 시작점은 대한불교조계종 승가대학원 무비 스님이라고 할 수 있습니다. 무비 스님 지도감수, 대한불교조계종 승가대학원 편찬, 대한불교조계종 발행, 민족사 출판 및 판매의 『금강경 전서』에서 아마도 세계 최초로 (한문 금강경에 국한되었지만) 한 문장 한 문장 비교하면서 공부할 수 있도록 대조표를 만들었습니다. 이를 이어받아 수학 논리를 이용한 수학적 대조표로 〈정본 한문 금강경〉을 결정하였습니다.

예를 들어 구마라집 본에는 1장 ③절이 없는데, 다른 9본에는 모두 비슷한 내용이 있습니다. 그래서 ③절을 추가합니다.

구마라집본 2장 ③절에는 운하수행이 없는데, 다른 9본에는 모두 있습니다. 그래서 운하수행을 추가합니다.

구마라집본 3장 ①절에는 응여시항복기심이 있는데, 다른 9본에는 모두 응생여시심이 있습니다. 그래서 응생여시심으로 수정합니다.

구마라집본 4장 ①절에는 보살어법응무소주가 있는데, 다른 9본에는 거의 보살어사응무소주가 있습니다. 그래서 보살어사응무소주로 수정합니다.

　구마라집본 5장 ④절에는 약견제상비상즉견여래가 있는데, 다른 9본에는 거의 약견비상즉비허망 제상비상즉견여래가 있습니다. 그래서 약견비상즉비허망 제상비상즉견여래로 수정합니다.

　구마라집본 6장 ①절에는 파유중생 다음에 어미래세가 없는데, 다른 9본에는 거의 어미래세가 있습니다. 그래서 어미래세를 추가합니다.

　이렇게 수정한 문장이 3분의 1 이상입니다. 자세한 내용은 다른 책『정본 한문 금강경』을 참고하시기 바랍니다.

일러두기 2 : 가사체 금강경 / 정본 우리말 금강경

조계종 금강경편찬실무위원회 위원장 연관 스님께서 편찬사에서 밝혔듯이 '유통되고 있는 우리말 금강경'은 수백 종이나 됩니다. 조계종에서는 수백 종의 '유통본 우리말 금강경'을 상호 비교하여 『표준 한글 금강반야바라밀경』으로 정리해 주었습니다. 수백 종의 금강경을 구하는 것도 어려운 일이고 다 읽는 것은 더 어려운 일이며, 게다가 그것들을 대조하며 읽는 것은 불가능에 가까운 일이었는데 대조 정리해 주셔서 고맙습니다. 참으로 고맙습니다.

　『정본 한문 금강경』과『표준 금강경』을 바탕으로, 수학과 논리학, 언어학 논리로 지금의 우리말로 번역하고, 독송하기 좋도록 가사체로 다듬었습니다. 따라서 가사체 금강경도 〈정본 우리말 금강경〉이라고 할 수 있습니다. 다음 사항을 고려하여 번역하였습니다.

1. 명사형-동사형: 지금 우리의 시각으로 보면, 산스끄리뜨어나 중국 한어는 거의 명사 나열식으로 되어 있는 경우가 많습니다. 예를 들어서, "중생 / 안-중생 / 시고명 중생" 식의 문장이 매우 많습니다. 우리는 이 문장을 때로는 "중생들을 제도하되 중생들을 제도했다고 생각하지 아니해야 참으로 중생들을

제도했다 말할 수가 있습니다.”로 번역하고, 때로는 “중생들을 보면서도 중생들을 실체라고 생각하지 아니해야 참으로 중생들을 본다 말할 수가 있습니다.”로 번역해야 합니다. ‘때로는 이 동사, 때로는 저 동사’가 붙게 됩니다.

2. 우리말 번역에서 매우 뜨거운 논쟁거리가 ‘시고, 시고명, 시명, 여래설’이라고 생각합니다. 이를 정확히 하기 위해서는 ‘시고불명’을 찾아서 대조하는 것이 좋은 방법이라고 생각합니다.

　　17장 ⑱절 ‘즉불명보살則不名菩薩’을 『표준 금강경』에서 “보살이라 할 수 없다.”라고 하였습니다. 이를 좀 더 분명히 하면 “참된 보살이라고 말할 수가 없다.”입니다.

　　17장 ㉓절 ‘시불명보살是不名菩薩’을 『표준 금강경』에서 “보살이라 할 수 없다.”라고 하였습니다. 이를 좀 더 분명히 하면 “참된 보살이라고 말할 수가 없다.”입니다.

　　19장 ③절 ‘여래불설如來不說’을 『표준 금강경』에서 “여래는 (복덕을 얻는다고) 말하지 않았을 것이다.”라고 하였습니다. 이를 좀 더 분명히 하면 “여래는 (제대로 복덕을 짓는다고) 말하지 않았을 것이다.”입니다. 19장 ④절 ‘여래설如來說’을 『표준 금강경』에서 “여래는 (복덕을 얻는다고) 말한 것이다.”라고 하였습니다. 이를 좀 더 분명히 하면 “여래는 (참으로 복덕을 짓는다고) 말한 것이다.”입니다.

3. 금강경의 기본 논리는 A(Antecedent Vow 어떻게 발원하고), B(Behavior 어떻게 수행하며), C(Control his own mind 어떻게 자기 마음 다스려야 하는지), D(Define 정의)입니다. 자세한 내용은 『가사체 금강경 / 정본 우리말 금강경』(근간)을 참고하시기 바랍니다. 『The K-Diamond Sutra』도 〈정본 영어 금강경〉이라고 할 수 있을 것입니다.

淨口業眞言
정구업진언

수리수리 마하수리 수수리 사바하(세번)

五方內外安慰諸神眞言
오방내외안위제신진언

나무 사만다 못다남

옴 도로도로 지미 사바하(세번)

開法藏眞言[1]
개법장진언

無上甚深微妙法　百千萬劫難遭遇
무상심심미묘법　백천만겁난조우

我今聞見得受持　願解如來眞實義
아금문견득수지　원해여래진실의

옴 아라남 아라다(세번)

---

1 開經偈과 開法藏眞言은 따로 있었습니다. 그러나 다른 진언의 경우에는 거의 전부 偈/眞言이
　　개경게　　개법장진언　　　　　　　　　　　　　　　　　　　　　　　　　　　　게 진언
같이 있습니다. 그리고 開經偈의 마지막 부분은 바로 開法藏眞言을 그대로 번역한 것입니다.
　　　　　　　　개경게　　　　　　　　　　　　　　개법장진언
또한 앞의 두 진언과의 일관성을 위해서 開經偈를 따로 두지 않고 開法藏眞言 앞부분에 둡니다.
　　　　　　　　　　　　　　　　　개경게　　　　　　　　　　　　개법장진언

입으로 지은 업을 씻어내는 진언
깨끗이~ 깨끗하게 참으로~ 깨끗하게
완전히~ 깨끗하게 깨끗이~ 살렵니다.
수리수리 마하수리 수수리 사바하(세번)

부처님과 성중님을 모셔오는 진언
일체모든 부처님~ 일체모든 성중님~
이자리에 편안하게 임하시어 주옵소서.
나무 사만다 못다남
옴 도로도로 지미 사바하(세번)

경전 독송 전의 진언
높디높고 깊디깊은 부처님말씀
백천만겁 지나가도 듣기힘든데
제가지금 보고들어 지니었으니
부처님의 진실한뜻 이루렵니다.
옴 아라남 아라다(세번)

一. 法會因由分

①

如是我聞 一時 佛 在舍衛國 祇樹給孤
여시아문 일시 불 재사위국 기수급고

獨園 與大比丘衆 千二百五十人俱 及
독원 여대비구중 천이백오십인구 급

大菩薩衆.
대보살중

②

爾時 世尊 於日初分 着衣持鉢 入舍衛
이시 세존 어일초분 착의지발 입사위

大城 乞食 於其城中 飯食訖 還至本處
대성 걸식 어기성중 반사흘 환지본처

收衣鉢 洗足已 如常敷座 結跏趺坐 端
수의발 세족이 여상부좌 결가부좌 단

1장 법회가 열린 배경

①

부처님이 일천이백 오십명의 스님들과
많디많은 보살들과 어느날~ 사위국의
기원정사 계시면서 다음같이 하시는걸
제가직접 들었으며 제가직접 봤습니다.[2]

②

부처님은 아침일찍 가사입고 발우들고
사위성에 들어가서 탁발하여[3] 공양하고
기원정사[4] 돌아와서 가사발우 거두시고
발을씻고 사자좌에 오르시어 가부좌로

---

2 육하원칙

    부처님의 육하원칙(육성취) : '경전을 정리할 때에 첫 문장에 둬야 한다'고 부처님께서 말씀하신
육성취를 부처님의 육하원칙이라고 합니다. 한문의 경우에는 信聞時主處衆의 순서이나 한글의
경우에는 〈누가 누구와 언제 어디서 어떻게 하는 것을 누가 듣고 보았는가?〉입니다. 부처님의
육하원칙은 반드시 한 문장에 두어야 합니다.

    키플링의 육하원칙 : 키플링의 시 '여섯 명의 정직한 하인'에 나오는 육하원칙을 키플링의
육하원칙이라고 합니다. 시에서의 순서는 〈무엇을, 왜, 언제, 어떻게, 어디서, 누가 하였는가?〉입
니다. 용어해설 육하원칙을 참고하십시오.

3 탁발: 수행자들이 규칙에 따라 차례대로 '신도들이 음식이나 재물을 보시하여 복을 짓도록
하는 행동'을 말합니다.

4 기원정사: 사위성에서 남쪽으로 2킬로미터 정도 떨어진 곳에 있는 절입니다.

身而住 正念不動.
신이주 정념부동

③
時 諸比丘 來詣佛所 頂禮佛足 右繞三
시 제비구 내예불소 정례불족 우요삼

匝 退坐一面.
잡 퇴좌일면

二. 善現起請分

①
時 長老 須菩提 在大衆中 卽從座起 偏
시 장로 수보리 재대중중 즉종좌기 편

袒右肩 右膝着地 合掌恭敬 而白佛言.
단우견 우슬착지 합장공경 이백불언

②
希有 世尊 如來 善護念諸菩薩 善付囑
희유 세존 여래 선호념제보살 선부촉

諸菩薩.
제보살

반듯하게 앉으시어 마음챙기 셨습니다.
③
이때에~ 스님들이 부처님께 다가가서
부처님의 양쪽발에 이마대어 예경하고
부처님을 세번돌고[5] 모두앉으 셨습니다.

2장 수보리 장로님이 가르침을 청함
①
수보리~ 장로님이[6] 자리에서 일어나서
오른어깨 드러내고 오른무릎 땅에꿇고
합장하고 부처님께 말씀드리 셨습니다.
②
거룩하신 부처님~ 정말대단 하십니다.
부처님은 보살들을[7] 참으로잘 보살피고
보살들을 참으로잘 가르치고 계십니다.

---

5 세번돌고: 정면에서 합장공경한 후 '오른 어깨를 부처님 쪽으로 향하면서' 부처님을 세 번
  도는 것입니다.
6 장로: 지혜와 복덕이 높은 사람을 말합니다.
7 보살: 산스끄리뜨어 '보리 살으바'의 준말입니다. 최고의 바른 깨달음을 이루려는 마음을 낸
  사람을 말합니다.

③
世尊 善男子善女人 發菩薩乘 應云何
세존　선남자선여인　발보살승　응운하

住 云何修行 云何降伏其心?
주　운하수행　운하항복기심

④
善哉善哉 湏菩提 如汝所說 如來 善護
선재선재　수보리　여여소설　여래　선호

念諸菩薩 善付囑諸菩薩.
념제보살　선부촉제보살

⑤
湏菩提 汝今諦聽 當爲汝說. 善男子善
수보리　여금제청　당위여설　선남자선

女人 發菩薩乘 應如是住 如是修行 如
여인　발보살승　응여시주　여시수행　여

是降伏其心.
시항복기심

③
거룩하신 부처님~ 거룩하신 부처님~
보살의길 가려하는 선남자와 선여인은
어떻게~ 발원하고 어떻게~ 수행하며
어떻게~ 자기마음 다스려야 하옵니까?
④
수보리~ 장로님~ 수보리~ 장로님~
참으로~ 옳습니다 장로님의 말씀대로
여래는~ 보살들을 참으로잘 보살피고
보살들을 참으로잘 가르치고 있습니다.
⑤
수보리~ 장로님~ 말씀드리 겠습니다.
보살의길 가려하는 선남자와 선여인은
어떻게~ 발원하고 어떻게~ 수행하며
어떻게~ 자기마음 다스려야 하는지를
장로님을 위하여서 말씀드리 겠습니다.

⑥
唯然 世尊 願樂欲聞.
유연 세존 원요욕문

三. 大乘正宗分

①
湏菩提 善男子善女人 發菩薩乘 應生如
수보리 선남자선여인 발보살승 응생여

是心. 所有一切衆生之類 若卵生 若胎
시심 소유일체중생지류 약난생 약태

生 若濕生 若化生 若有色 若無色 若有
생 약습생 약화생 약유색 약무색 약유

想 若無想 若非有想非無想 我皆令入
상 약무상 약비유상비무상 아개영입

⑥

거룩하신 부처님~ 말씀하여 주십시오.

저희들을 위하여서 말씀하여 주십시오.

3장 대승의 근본 가르침
①

수보리~ 장로님~ 수보리~ 장로님~

보살의길 가려하는 선남자와 선여인은

'일체중생[8] 열반으로 내가모두 제도한다'

'알로생긴 중생이나 태로생긴 중생이나

습기에서 생긴중생 변화하여 생긴중생

형상있는 중생이나 형상없는 중생이나

생각있는 중생이나 생각없는 중생이나

생각이~ 있다없다 할수없는 중생들을[9]

고통없고 행복가득 무여열반 이르도록

---

8 중생: 생명을 가진 존재들을 말합니다. 중생에는 크게 하느님, 사람, 아수라, 축생, 아귀, 지옥중생
  이 있습니다.

9 구류중생: 중생을 육도 중생으로 구분하기도 하지만, 이렇게 구류 중생으로 구분하기도 합니다.

無餘涅槃 而滅度之.
무여열반 이멸도지

②
如是滅度 無量衆生 實無衆生 得滅度者.
여시멸도 무량중생 실무중생 득멸도자

③
何以故 湏菩提 若菩薩 有衆生相 卽不
하이고 수보리 약보살 유중생상 즉불

名菩薩
명보살

④
湏菩提 若菩薩 有我相 人相 衆生相 壽
수보리 약보살 유아상 인상 중생상 수

者相 卽非菩薩.
자상 즉비보살

四. 妙行無住分
①
復次 湏菩提 菩薩 於事 應無所住 行於
부차 수보리 보살 어사 응무소주 행어

布施.
보시

한중생도 빠짐없이 내가모두 제도한다'
이와같은 큰발원을 해야하는 것입니다.
②
이리하여 무량중생 열반으로 제도하되
중생제도 하였다고 생각하면 안됩니다.
③
수보리~ 장로님~ 수보리~ 장로님~
중생제도 하였다고 생각하는 보살들은
참~된~ 보살이라 말할수가 없습니다.
④
수보리~ 장로님~ 자기중심 인간중심
중생중심 생명중심 생각하는 보살들은
참~된~ 보살이라 말할수가 없습니다.

4장 걸림없는 보시
①
수보리~ 장로님~ 보살들은 어디에도
안걸리는 보시행을[10] 해야하는 것입니다.

② 所謂 不住色布施 不住聲香味觸法布施.
소위 부주색보시 부주성향미촉법보시

③ 須菩提 菩薩 應如是布施 不住於相.
수보리 보살 응여시보시 부주어상

④ 何以故 若菩薩 不住相布施 其福德 不
하이고 약보살 부주상보시 기복덕 불

可思量.
가사량

⑤ 須菩提 於意云何 東方虛空 可思量 不?
수보리 어의운하 동방허공 가사량 부

⑥ 不也 世尊.
불야 세존

⑦ 須菩提 南西北方 四維 上下 虛空 可思
수보리 남서북방 사유 상하 허공 가사

②

형상소리 냄새맛촉 현상들~[11]어디에도
안걸리는 보시행을 해야하는 것입니다.

③

수보리~ 장로님~ 참~된~ 보살들은
보시하되 보시했다 생각하지 않습니다.

④

보시하되 보시했다 생각하지 아니하는
보살들이 짓는복은[12] 한량없이 많습니다.

⑤

수보리~ 장로님~ 어찌생각 하십니까?
동방허공[13] 크기를~ 상상할수 있습니까?

⑥

아닙니다 부처님~ 상상하지 못합니다.

⑦

수보리~ 장로님~ 수보리~ 장로님~

---

10 보시: 다른 이에게 필요한 것을 자발적으로 주는 것을 말합니다. 재시, 법시, 무외시 등의
보시가 있습니다.

11 현상: 여기서는 각자의 '주관적 생각' 혹은 '자기만의 진리', '지금 보여지는 것'을 말합니다.

12 복: 복은 짓는 복, 지어놓은 복, 누리는 복으로 구분할 수 있습니다.

13 동방: 현재 한국에서는 동서남북으로 말하는데, 옛날 인도에서는 동남서북으로 말하였습니다.

量 不?
량　부

⑧

不也 世尊.
불야　세존

⑨

湏菩提 菩薩 無住相布施福德 亦復如
수보리　보살　무주상보시복덕　역부여

是 不可思量.
시　불가사량

⑩

湏菩提 菩薩 應如是布施 不住於相.
수보리　보살　응여시보시　부주어상

五. 如理實見分

①

湏菩提 於意云何 可以身相 見如來 不?
수보리　어의운하　가이신상　견여래　부

서남북방 동남동북 서남서북 아래위~
허공들의 크기를~ 상상할수 있습니까?
⑧
아닙니다 부처님~ 상상하지 못합니다.
⑨
수보리~ 장로님~ 수보리~ 장로님~
보시하되 보시했다 생각하지 아니하는
보살들이 짓는복도 상상할수 없습니다.
⑩
수보리~ 장로님~ 참~된~ 보살들은
보시하되 보시했다 생각하지 않습니다.

5장 부처님 모습 바로 보기
①
수보리~ 장로님~ 어찌생각 하십니까?
부처님의 거룩한~ 상호들을 다갖추면[14]

---

14 상호: 부처님이 되면 가지게 되는 부처님의 특징들(32상, 80종호 등)을 말합니다. 그런데
   조계종 한글 금강경에서는 구마라집에 나오는 한자 자체에 걸려 있어서, 여타 본에서는 분명히
   '상호들을 다 갖추면'이라고 나와 있습니다.

② 不也 世尊 不可 以身相 得見如來.
불야 세존 불가 이신상 득견여래

③ 何以故 如來所說 身相 卽非身相.
하이고 여래소설 신상 즉비신상

④ 須菩提
수보리

凡所有相 皆是虛妄
범소유상 개시허망

若見非相 則非虛妄
약견비상 즉비허망

諸相非相 則見如來.
제상비상 즉견여래

六. 正信希有分

① 世尊 頗有衆生 於未來世 得聞如是言
세존 파유중생 어미래세 득문여시언

說章句 生實信 不?
설장구 생실신 부

부처라고 말할수가 있다생각 하십니까?

②

아닙니다 부처님~ 부처상호 갖췄다고

반드시~ 부처라고 말할수는 없습니다.

③

갖추어도 갖추었다 생각하면 안됩니다.

④

수보리~ 장로님~ 갖추었다 생각하면

제대로~ 갖추었다 말할수가 없습니다.

부처상호 갖추고도 갖추었다 아니해야

참으로~ 갖추었다 말할수가 있습니다.

부처상호 갖추고도 갖추었다 아니해야

참~된~ 부처라고 말할수가 있습니다.

6장 바른 믿음의 무량 복덕

①

거룩하신 부처님~ 거룩하신 부처님~

미래에도 이법문을 믿을중생 있습니까?

②

須菩提　莫作是說　如來滅後　後五百歲
수보리　막작시설　여래멸후　후오백세

有持戒修福智慧者　於此章句　能生信心
유지계수복지혜자　어차장구　능생신심

以此爲實.
이차위실

③

是人　不於一佛　而種善根已　於百千萬佛所
시인　불어일불　이종선근이　어백천만불소

種諸善根　聞是章句　乃至　一念生淨信者.
종제선근　문시장구　내지　일념생정신자

④

須菩提　如來　悉知悉見.　是諸眾生　得無
수보리　여래　실지실견　시제중생　득무

量福德.
량복덕

⑤

何以故　是諸眾生　無復我相　人相　眾生
하이고　시제중생　무부아상　인상　중생

相　壽者相.
상　수자상

⑥

無法相　亦　無非法相.
무법상　역　무비법상

②

수보리~ 장로님~ 그런말씀 마십시오.

여래가~ 열반한후 오백년이 지나가도

계지키고 복을짓는 지혜로운 사람들은

이법문을 참되다며 깊이믿을 것입니다.

③

한부처님 앞에서만 선근심지 아니하고

백천만의 부처님들 앞에서도 선근심은

사람들은 이법문을 깊이믿을 것입니다.

④

수보리~ 장로님~ 수보리~ 장로님~

여래는~ 모두알고 모두보고 있습니다.

이런사람 짓는복은 한량없이 많습니다.

⑤

이런사람 자기중심 인간중심 중생중심

생명중심 생각들을 하지않을 것입니다.

⑥

이런사람 법중심~ 생각하지 아니하고,

⑦

何以故　是諸衆生¹⁵　若取法相　卽着我人
하 이 고　시 제 중 생　약 취 법 상　즉 착 아 인

衆生壽者　何以故　若取非法相　卽着我
중 생 수 자　하 이 고　약 취 비 법 상　즉 착 아

人衆生壽者.
인 중 생 수 자

⑧

是故　菩薩　不應取法　不應取非法.
시 고　보 살　불 응 취 법　불 응 취 비 법

⑨

以是義故　如來常說　汝等比丘¹⁶　知我說
이 시 의 고　여 래 상 설　여 등 비 구　지 아 설

法　如筏喩者　法尙應捨　何况非法.
법　여 벌 유 자　법 상 응 사　하 황 비 법

七. 無得無説分

①

湏菩提　於意云何　有法　如來　得阿耨多
수 보 리　어 의 운 하　유 법　여 래　득 아 누 다

---

15 고려대장경의 구마라집 역 한문 금강경에는 若心取相 則爲着我人衆生壽者가 있으나, 이런 내용은
　　약 심 취 상　즉 위 착 아 인 중 생 수 자
범본에도 없고 유지존 진제본 급다본 현장본 의정본 어디에도 없습니다. 또한 논리적으로도
없는 것이 타당합니다. 그래서 삭제합니다.

16 이 부분은 가사체에서는 번역하지 않는 것이 좋아 보여서 번역하지 않았습니다.

생각하지 않는다는 생각조차 않습니다.
⑦
법중심~ 생각해도 자기중심 인간중심
중생중심 생명중심 생각하는 것입니다.
법중심~ 생각하지 아니한다 생각해도
자기중심 인간중심 중생중심 생명중심
생각하는 것이라고 말할수가 있습니다.
⑧
보살들은 법중심~ 생각하지 아니하고
생각하지 않는다는 생각조차 않습니다.
⑨
여래말을 뗏목같이 여기도록 하십시오.
법중심~ 생각에도 걸리지~ 아니하고
걸리지~ 않는다는 생각도~ 마십시오.

7장 깨달음이나 설법에 걸리지 않음
①
수보리~ 장로님~ 어찌생각 하십니까?

羅三藐三菩提耶　有法　如來　有所說法
라삼막삼보리야　유법　여래　유소설법

耶?
야

②

世尊　如我解佛所說義　無有定法　名阿
세존　여아해불소설의　무유정법　명아

耨多羅三藐三菩提　亦　無有定法　如來
누다라삼막삼보리　역　무유정법　여래

可說.
가설

③

何以故　如來所說法　皆不可取　不可說.
하이고　여래소설법　개불가취　불가설

④

非法　非非法.
비법　비비법

32

'최고바른 깨달음을 온전하게 이루었다'
여래가~ 이런생각 한다할수 있습니까?
'부처님의 거룩한법 널리널리 전하였다'
여래가~ 이런생각 한다할수 있습니까?
②
거룩하신 부처님~ 거룩하신 부처님~
제가지금 부처님의 말씀이해 하기로는
'최고바른 깨달음을 온전하게 이루었다'
부처님은 그런생각 하시지~ 않습니다.
'부처님의 거룩한법 널리널리 전하였다'
부처님은 그런생각 하시지~ 않습니다.
③
이루었다 생각도~ 부처님은 않으시고
전하였다 생각도~ 부처님은 않습니다.
④
부처님은 법에도~ 걸리지~ 않으시고
걸리지~ 않는다는 생각도~ 않습니다.

⑤
所以者何　一切賢聖　皆以無爲法　而有
소이자하　일체현성　개이무위법　이유

差別.
차별

八. 依法出生分

①
須菩提　於意云何　若人滿三千大千世界
수보리　어의운하　약인만삼천대천세계

七寶　以用布施　是人所得福德　寧爲多
칠보　이용보시　시인소득복덕　영위다

不?
부

②
甚多　世尊　何以故　是福德　卽非福德性
심다　세존　하이고　시복덕　즉비복덕성

是故　如來說　福德多.
시고　여래설　복덕다

③
須菩提　若復有人　於此經中　受持　乃至
수보리　약부유인　어차경중　수지　내지

⑤
내자신은 하였다는 생각에서 벗어나야
참~된~ 성현이라 말할수가 있습니다.

8장 금강경과 깨달음
①
수보리~ 장로님~ 어찌생각 하십니까?
삼천대천 세계만큼[17] 금은보화 보시하는
사람들이 짓게되는 복덕들은 많습니까?
②
많습니다 부처님~ 그렇지만 말씀하신
많은복을 짓고서도 지었다고 아니해야
참으로~ 지었다고 말할수가 있습니다.
③
수보리~ 장로님~ 이법문의 사구게를[18]
하나라도 받아지녀 널리널리 전해주는

---

17 삼천대천세계: 인간이 인식할 수 있는 우주의 1,000,000,000,000,000,000배가 되는 세계를
   말합니다.
18 사구게: 사구게에 대해서는 여러 설이 있으나 26장과 32장의 사구게는 모두 인정합니다.

四句偈等　爲他人說　其福勝彼.
사 구 게 등　위 타 인 설　기 복 승 피

④
何以故　須菩提　一切諸佛　及　諸佛阿耨
하 이 고　수 보 리　일 체 제 불　급　제 불 아 누

多羅三藐三菩提法　皆從此經出.
다 라 삼 막 삼 보 리 법　개 종 차 경 출

⑤
須菩提　所謂　佛法者　卽非佛法　是名佛
수 보 리　소 위　불 법 자　즉 비 불 법　시 명 불

法.
법

九. 一相無相分

①
須菩提　於意云何　須陁洹　能作是念　我得
수 보 리 어 의 운 하　수 다 원　능 작 시 념　아 득

須陁洹果　不?
수 다 원 과　부

②
不也　世尊　何以故　須陁洹　名爲入流　而
불 야　세 존　하 이 고　수 다 원　명 위 입 류　이

사람들이 짓는복이 훨씬더~ 많습니다.

④

수보리~ 장로님~ 수보리~ 장로님~
일체모든 부처님의 최고바른 깨달음은
이경에서 나왔다고 말할수가 있습니다.

⑤

수보리~ 장로님~ 부처님의 바른법을
깨닫고도 깨달았다 생각하지 아니해야
참으로~ 깨달았다 말할수가 있습니다.

9장 지위에 걸리지 않음

①

수보리~ 장로님~ 어찌생각 하십니까?
'나는이제 수다원을 온전하게 이루었다'
수다원이 이런생각 한다할수 있습니까?

②

아닙니다 부처님~ 그리생각 않습니다.
세상흐름 뛰어넘은 수다원을 이루고도

無所入 是名湏陁洹. 不入色聲香味觸法
무 소 입　시 명 수 다 원　불 입 색 성 향 미 촉 법

是名湏陁洹.
시 명 수 다 원

③
湏菩提 於意云何 斯陁含 能作是念 我
수 보 리　어 의 운 하　사 다 함　능 작 시 념　아

得斯陁含果 不?
득 사 다 함 과　부

④
不也 世尊 何以故 斯陁含 名一往來 而
불 야　세 존　하 이 고　사 다 함　명 일 왕 래　이

實無往來 是名斯陁含.
실 무 왕 래　시 명 사 다 함

⑤
湏菩提 於意云何 阿那含 能作是念 我
수 보 리　어 의 운 하　아 나 함　능 작 시 념　아

수다원을 이루었다 생각하지 아니해야
참으로~ 이루었다 말할수가 있습니다.
형상소리 냄새맛촉 현상들을 빠짐없이
모두뛰어 넘었다고 생각하지 아니해야
수다원을 이루었다 말할수가 있습니다.
③
수보리~ 장로님~ 어찌생각 하십니까?
'나는이제 사다함을 온전하게 이루었다'
사다함이 이런생각 한다할수 있습니까?
④
아닙니다 부처님~ 그리생각 않습니다.
세상으로 한번만올 사다함을 이루고도
사다함을 이루었다 생각하지 아니해야
참으로~ 이루었다 말할수가 있습니다.
⑤
수보리~ 장로님~ 어찌생각 하십니까?
'나는이제 아나함을 온전하게 이루었다'

得阿那含果 不?
득 아 나 함 과 부

⑥
不也 世尊 何以故 阿那含 名爲不來 而
불 야 세 존 하 이 고 아 나 함 명 위 불 래 <u>의</u>

<u>實無不來</u> 是故 名阿那含.
<u>실 무 불 래</u> 시 고 명 아 나 함

⑦
須菩提 於意云何 阿羅漢 能作是念 我
수 보 리 어 의 운 하 아 라 한 능 작 시 념 아

得阿羅漢道 不?
득 아 라 한 도 부

⑧
不也 世尊 何以故 實無有法 名阿羅漢.
불 야 세 존 하 이 고 실 무 유 법 명 아 라 한

⑨
世尊 若阿羅漢作是念 我得阿羅漢道 卽
세 존 약 아 라 한 작 시 념 아 득 아 라 한 도 즉

아나함이 이런생각 한다할수 있습니까?

⑥

아닙니다 부처님~ 그리생각 않습니다.

세상으로 안돌아올 아나함을 이루고도

아나함을 이루었다 생각하지 아니해야

참으로~ 이루었다 말할수가 있습니다.

⑦

수보리~ 장로님~ 어찌생각 하십니까?

'나는이제 아라한을 온전하게 이루었다'

아라한이 이런생각 한다할수 있습니까?

⑧

아닙니다 부처님~ 그런생각 아니해야

참으로~ 이루었다 말할수가 있습니다.

⑨

거룩하신 부처님~ 거룩하신 부처님~

아라한을 이루었다 생각하는 아라한은

자기중심 인간중심 중생중심 생명중심

爲着我人衆生壽者.
위착아인중생수자

⑩

世尊　佛說　我得無諍三昧人中　最爲第
세존　불설　아득무쟁삼매인중　최위제

一　是第一離欲阿羅漢　而我不作是念　我
일　시제일이욕아라한　이아부작시념　아

是離欲阿羅漢.
시이욕아라한

⑪

世尊　我若作是念　我得阿羅漢道　世尊
세존　아약작시념　아득아라한도　세존

則不說　須菩提　是樂阿蘭那行者.
즉불설　수보리　시요아란나행자

⑫

以須菩提實無所行　而名須菩提　是樂阿
이수보리실무소행　이명수보리　시요아

蘭那行.
란나행

생각들에 걸려있다 말할수가 있습니다.
⑩
거룩하신 부처님~ 거룩하신 부처님~
"참으로~ 평화롭게 살고있는 아라한~"
"탐욕에서 벗어나서 자유로운 아라한~"
부처님은 저를보고 그리말씀 하셨으나
'탐욕에서 벗어나서 아라한을 이루었다'
제자신은 그러한~ 생각아니 했습니다.
⑪
거룩하신 부처님~ 거룩하신 부처님~
아라한을 이루었다 제가생각 했더라면
"참으로~ 평화롭게 살고있는 아라한~"
부처님이 제게말씀 않으셨을 것입니다.
⑫
아라한을 이루었다 제가생각 않았기에
"참으로~ 평화롭게 살고있는 아라한~"
부처님이 제게말씀 하시었던 것입니다.

十. 莊嚴淨土分

①

須菩提　於意云何　如來昔在　然燈佛所
수보리　어의운하　여래석재　연등불소

於法　有所得　阿耨多羅三藐三菩提　不?
어법　유소득　아누다라삼먁삼보리　부

②

不也　世尊　如來在　然燈佛所　於法　實無
불야　세존　여래재　연등불소　어법　실무

所得　阿耨多羅三藐三菩提.
소득　아누다라삼먁삼보리

③

須菩提　若菩薩　作如是言　我當　莊嚴佛
수보리　약보살　작여시언　아당　장엄불

土　彼菩薩　不實語.
토　피보살　부실어

④

何以故　莊嚴佛土者　則非莊嚴　是名莊
하이고　장엄불토자　즉비장엄　시명장

嚴.[19]
엄

---

19 ④절은 한문 내용은 같으나, 조계종 표준본에서는 수보리 장로님의 말씀이지만, 교감본에서는
부처님 말씀입니다.

①

수보리~ 장로님~ 어찌생각 하십니까?

과거연등 부처님을 모시고~ 있을때에

'다음생에 최고바른 깨달음을 이룰거라'

여래가~ 생각했다 말할수가 있습니까?

②

아닙니다 부처님~ 그리생각 않습니다.

과거연등 부처님을 모시고~ 계실때에

'다음생에 최고바른 깨달음을 이룰거라'

부처님은 그렇게~ 생각않으 셨습니다.

③

수보리~ 장로님~ '불국토를 장엄했다'

여래가~ 이런생각 한다하는 보살들은

바른말을 하고있다 말할수가 없습니다.

④

불국토를 장엄하되 장엄했다 아니해야

참으로~ 장엄했다 말할수가 있습니다.

⑤
是故 湏菩提 諸菩薩摩訶薩 應如是生清
시고 수보리 제보살마하살 응여시생청

淨心 不應住色生心 不應住聲香味觸法
정심 불응주색생심 불응주성향미촉법

生心. 應無所住 而生其心.
생심 응무소주 이생기심

⑥
湏菩提 譬如有人 身如湏彌山王 於意云
수보리 비여유인 신여수미산왕 어의운

何 是身爲大 不?
하 시신위대 부

⑦
甚大 世尊 何以故 佛說 非身 是名大身.
심대 세존 하이고 불설 비신 시명대신

⑤

수보리~ 장로님~ 일체모든 보살들은
깨끗하고 맑은마음 청정심을 갖습니다.
형상소리 냄새맛촉 현상들에 안걸리며
어디에도 안걸리는 청정심을 갖습니다.

⑥

수보리~ 장로님~ 수보리~ 장로님~
수미산과[20] 같은사람 어찌생각 하십니까?
존귀하다 말할수가 있다생각 하십니까?

⑦

거룩하신 부처님~ 거룩하신 부처님~
매우매우 존귀하게 보일수도 있지마는
스스로~ 존귀하다 생각하지 아니해야
참으로~ 존귀하다 말할수가 있습니다.

---

20 수미산: 세상의 중앙에 있는 산, 세상에서 가장 큰 산을 말합니다.

十一. 無爲福勝分

①

須菩提 於意云何 如恒河中所有沙數 如
수보리 어의운하 여강가중소유사수 여

是沙等恒河 是諸恒河沙 寧爲多 不?
시사등강가 시제강가사 영위다 부

②

甚多 世尊 但諸恒河 尙多無數 何况其
심다 세존 단제강가 상다무수 하황기

沙.
사

③

須菩提 我今 實言告汝 若有善男子善
수보리 아금 실언고여 약유선남자선

女人 以七寶 滿爾所恒河沙數世界 以
여인 이칠보 만이소강가사수세계 이

用布施 得福多 不?
용보시 득복다 부

11장 무위의 큰 복덕

①

수보리~ 장로님~ 어찌생각 하십니까?

강가강에[21] 있는모든 모래알과 같은수의

강가강의 모래수는 많다할수 있습니까?

②

많습니다 부처님~ 매우매우 많습니다.

강가강의 모래알도 셀수없이 많은데~

그만큼의 강가강에 있는모든 모래수는

상상조차 못할만큼 매우매우 많습니다.

③

수보리~ 장로님~ 진실말씀 드립니다.

그모든~ 강가강의 모래알과 같은수의

세계들을 채울만큼 금은보화 보시하는

선남자와 선여인이 짓는복은 많습니까?

---

21 강가강: 강가는 인도의 원래 발음, 갠지스는 영미식 발음, 항하는 중국식 음사에 대한 한국식 발음입니다.

④

甚多 世尊.
심다 세존

⑤

湏菩提 若善男子善女人 於此經中 乃
수보리 약선남자선여인 어차경중 내

至 受持 四句偈等 爲他人說 而此福德
지 수지 사구게등 위타인설 이차복덕

勝前福德.
승전복덕

十二. 尊重正敎分

①

復次 湏菩提 隨說是經 乃至 四句偈等
부차 수보리 수설시경 내지 사구게등

當知 此處 一切世間 天 人 阿修羅 皆
당지 차처 일체세간 천 인 아수라 개

應供養 如佛塔廟.
응공양 여불탑묘

②

何況有人 盡能受持讀誦 爲他人說.
하황유인 진능수지독송 위타인설

④
많습니다 부처님~ 매우매우 많습니다.
⑤
수보리~ 장로님~ 수보리~ 장로님~
이법문의 사구게를 하나라도 받아지녀
널리널리 전해주는 선남자와 선여인이
짓는복이 그보다도 훨씬더~ 많습니다.

12장 금강경 존중
①
수보리~ 장로님~ 수보리~ 장로님~
이법문의 사구게를 하나라도 전해주면
온세상의 하느님과²² 사람들과 아수라가²³
부처님의 탑에하듯 공양올릴 것입니다.
②
하물며~ 이법문을 받아지녀 독송하며

22 하느님: 하늘 세상에는 많은 하느님들이 살고 있습니다. 하느님도 역시 육도윤회 중생입니다.
23 아수라: 장난을 좋아하는 신을 말합니다. 장난을 좋아하다보니 싸움을 좋아하는 신으로 오해받
  기도 합니다.

③

須菩提　當知　是人　成就最上　第一希有
수보리　당지　시인　성취최상　제일희유

功德.
공덕

④

若是經典　所在之處　則爲有佛　若尊重
약시경전　소재지처　즉위유불　약존중

弟子.
제자

十三. 如法受持分

①

世尊　當何名此經　我等云何奉持?
세존　당하명차경　아등운하봉지

②

須菩提　是經　名爲　金剛般若波羅蜜　以
수보리　시경　명위　금강반야바라밀　이

是名字　汝當奉持.
시명자　여당봉지

③

所以者何　須菩提　佛說　般若波羅蜜　則
소이자하　수보리　불설　반야바라밀　즉

전해주며 짓는복은 상상조차 못합니다.
③
수보리~ 장로님~ 수보리~ 장로님~
이사람이 짓는복은 참으로~ 많습니다.
④
이법문이 전해지고 있는곳은 어디에나
부처님과 제자들이 항상함께 계십니다.

13장 금강경을 받아 지니는 법
①
거룩하신 부처님~ 이경이름 무엇이며
어떻게~ 받들어~ 지니어야 하옵니까?
②
수보리~ 장로님~ 수보리~ 장로님~
이경이름 금강반야 바라밀경 이라하며
다음같이 받들어~ 지니어야 하옵니다.
③
수보리~ 장로님~ 금강반야 바라밀을[24]

---

24 반야바라밀: 반야는 참다운 진리에 부합하는 최상의 지혜를 말하고, 바라밀은 완성을 뜻합니다.

非般若波羅蜜　是名般若波羅蜜.
비반야바라밀　시명반야바라밀

④
須菩提　於意云何　如來有所說法　不?
수보리　어의운하　여래유소설법　부

⑤
不也　世尊　如來無所說.
불야　세존　여래무소설

⑥
須菩提　於意云何　三千大千世界所有微
수보리　어의운하　삼천대천세계소유미

塵　是爲多　不?
진　시위다　부

⑦
甚多　世尊　何以故　諸微塵　如來說　非微
심다　세존　하이고　제미진　여래설　비미

塵　是名微塵.
진　시명미진

⑧
如來說　世界　非世界　是名世界.[25]
여래설　세계　비세계　시명세계

---

25 ⑦절의 諸微塵에서 ⑧절 끝까지는 한문은 같으나 조계종 표준본에서는 부처님 말씀으로
되어 있지만, 교감본에서는 수보리 장로님 말씀입니다.

54

수행하되 수행했다 생각하지 아니해야

참으로~ 수행했다 말할수가 있습니다.

④

수보리~ 장로님~ 어찌생각 하십니까?

'부처님의 거룩한법 널리널리 전하였다'

여래가~ 이런생각 한다할수 있습니까?

⑤

아닙니다 부처님~ 그리생각 않습니다.

부처님은 그런생각 하시지~ 않습니다.

⑥

수보리~ 장로님~ 어찌생각 하십니까?

삼천대천 세계이룬 티끌들은 많습니까?

⑦

많습니다 부처님~ 그렇지만 말씀하신

많은티끌 보면서도 실체라고 아니봐야

참으로~ 본다고~ 말할수가 있습니다.

⑧

세계들을 보면서도 실체라고 아니봐야

⑨

須菩提 於意云何 可以三十二相 見如
수보리 어의운하 가이삼십이상 견여

來 不?
래 부

⑩

不也 世尊 不可 以三十二相 得見如
불야 세존 불가 이삼십이상 득견여

來.
래

⑪

何以故 如來說 三十二相 卽是非相 是
하이고 여래설 삼십이상 즉시비상 시

名三十二相.
명삼십이상

⑫

須菩提 若有人 以恒河沙等 身命布施
수보리 약유인 이강가사등 신명보시

若復有人 於此經中 乃至 受持 四句偈
약부유인 어차경중 내지 수지 사구게

참으로~ 본다고~ 말할수가 있습니다.

⑨

수보리~ 장로님~ 어찌생각 하십니까?

서른둘의 거룩한~ 상호들을[26] 다갖추면

부처라고 말할수가 있다생각 하십니까?

⑩

아닙니다 부처님~ 그리생각 않습니다.

서른둘의 거룩한~ 상호들을 갖췄다고

반드시~ 부처라고 말할수는 없습니다.

⑪

서른둘의 거룩한~ 상호들을 갖추어도

상호들을 갖추었다 생각하지 아니해야

참으로~ 갖추었다 말할수가 있습니다.

⑫

수보리~ 장로님~ 강가강의 모래만큼

여러차례 자기몸을 보시하는 복보다도

---

26 서른둘의 거룩한 상호: 삼십이상이라고도 합니다.

等　爲他人說　其福甚多　於前福德.
등　위타인설　기복심다　어전복덕

十四. 離相寂滅分

①

爾時　須菩提　聞說是經　深解義趣　涕淚
이시　수보리　문설시경　심해의취　체루

悲泣　而白佛言.
비읍　이백불언

②

希有　世尊　佛說　如是甚深經典.
희유　세존　불설　여시심심경전

③

我從昔來　所得慧眼.
아종석래　소득혜안

④

未曾得聞　如是之經.
미증득문　여시지경

⑤

世尊　若復有人　得聞是經　則生實相. 當
세존　약부유인　득문시경　즉생실상　당

知　是人成就第一　希有功德.
지　시인성취제일　희유공덕

⑥

世尊　是實相者　則是非相　是故　如來說
세존　시실상자　즉시비상　시고　여래설

이법문의 사구게를 하나라도 받아지녀
전해주며 짓는복이 훨씬더~ 많습니다.

14장 분별에서 벗어난 적멸

①
부처님의 법문듣고 감격눈물 흘리면서,
수보리~ 장로님이 말씀드리 셨습니다.
②
거룩하신 부처님~ 정말대단 하십니다.
부처님은 심오한법 설해주시 었습니다.
③
부처님의 법문듣고 지혜의눈 떴습니다.
④
이런법문 단한번도 들어본적 없습니다.
⑤
거룩하신 부처님~ 이법문을 이해하는
사람들이 짓는복은 참으로~ 많습니다.
⑥
거룩하신 부처님~ 거룩하신 부처님~

名實相.
명 실 상

⑦

世尊 我今得聞 如是經典 信解受持 不
세존 아금득문 여시경전 신해수지 부

足爲難 若當來世 後五百歲 其有衆生
족위난 약당래세 후오백세 기유중생

得聞是經 信解受持讀誦 爲他人說 是
득문시경 신해수지독송 위타인설 시

人 則爲第一希有.
인 즉위제일희유

⑧

何以故 此人 無我相 人相 衆生相 壽
하이고 차인 무아상 인상 중생상 수

者相.
자 상

⑨

所以者何 我相 卽是非相 人相 衆生相
소이자하 아상 즉시비상 인상 중생상

壽者相 卽是非相.
수자상 즉시비상

⑩

何以故 離一切諸相 則名諸佛.
하이고 이일체제상 즉명제불

이법문을 이해하되 이해했다 아니해야
참으로~ 이해했다 말할수가 있습니다.
⑦
거룩하신 부처님~ 제가지금 이법문을
이해하고 지니는건 어렵지가 않지마는
후오백년 이법문을 이해하고 받아지녀
독송하고 널리널리 설법하여 전해주는
사람들이 짓는복은 참으로~ 많습니다.
⑧
이러한~ 사람들은 자기중심 인간중심
중생중심 생명중심 생각않을 것입니다.
⑨
이러한~ 사람들은 자기중심 인간중심
중생중심 생명중심 생각들을 보면서도
실체라고 생각하지 아니할~ 것입니다.
⑩
모든생각 벗어나서 부처가될 것입니다.

⑪
須菩提 如是如是 若復有人 得聞是經
수보리 여시여시 약부유인 득문시경

不驚 不怖 不畏 當知 是人 甚爲希有.
불경 불포 불외 당지 시인 심위희유

⑫
何以故 須菩提 如來說 第一波羅蜜 非
하이고 수보리 여래설 제일바라밀 비

第一波羅蜜 是名第一波羅蜜.
제일바라밀 시명제일바라밀

⑬
須菩提 忍辱波羅蜜 如來說 非忍辱波
수보리 인욕바라밀 여래설 비인욕바

羅蜜.
라밀

⑭
何以故 須菩提 如我昔爲歌利王 割截
하이고 수보리 여아석위가리왕 할절

身體 我於爾時 無我相 無人相 無衆生
신체 아어이시 무아상 무인상 무중생

相 無壽者相.
상 무수자상

⑪

수보리~ 장로님~ 참으로~ 옳습니다.

이경듣고 놀라거나 두려워~ 하지않는

사람들이 짓는복은 참으로~ 많습니다.

⑫

수보리~ 장로님~ 바라밀을 매우잘~

수행하되 수행했다 생각하지 아니해야

참으로~ 수행했다 말할수가 있습니다.

⑬

수보리~ 장로님~ 인욕수행 하면서도

인욕수행 하였다고 생각하면 안됩니다.

⑭

수보리~ 장로님~ 수보리~ 장로님~

가리왕이²⁷ 여래몸을 베고찢고 할때에~

그때에도 여래는~ 자기중심 인간중심

중생중심 생명중심 생각아니 했습니다.

---

27 가리왕: 시기와 질투를 가누지 못해서 '조용히 수행하고 설법하는 인욕선인'의 코귀손발을
자른 잔인한 왕입니다.

⑮
何以故 我於往昔節節支解時 若有我相
하이고 아어왕석절절지해시 약유아상

人相 衆生相 壽者相 應生瞋恨.
인상 중생상 수자상 응생진한

⑯
須菩提 又念過去 於五百世 作忍辱仙人
수보리 우념과거 어오백세 작인욕선인

於爾所世 無我相 無人相 無衆生相 無
어이소세 무아상 무인상 무중생상 무

壽者相.
수자상

⑰
是故 須菩提 菩薩 應離一切相 發阿耨
시고 수보리 보살 응리일체상 발아누

多羅三藐三菩提心.
다라삼먁삼보리심

⑱
不應住色生心 不應住聲香味觸法生心.
불응주색생심 불응주성향미촉법생심

⑮
여래몸이 마디마디 베이고~ 찢길때에
그때에~ 여래가~ 자기중심 인간중심
중생중심 생명중심 생각들을 했더라면
여래도~ 성을내고 원망했을 것입니다.
⑯
수보리~ 장로님~ 수보리~ 장로님~
인욕수행 하고있던 오백생애 동안에~
그때에도 여래는~ 자기중심 인간중심
중생중심 생명중심 생각아니 했습니다.
⑰
수보리~ 장로님~ 온갖생각 벗어나서
최고바른 깨달음을 온전하게 이루려는
큰마음을 보살들은 내야하는 것입니다.
⑱
형상소리 냄새맛촉 현상들에 안걸리는
큰마음을 보살들은 내야하는 것입니다.

⑲
應生無所住心 若心有住 則爲非住.
응생무소주심 약심유주 즉위비주

⑳
是故 佛說 菩薩 不應住色布施 不應住
시고 불설 보살 불응주색보시 불응주

聲香味觸法布施.
성향미촉법보시

㉑
須菩提 菩薩 爲利益一切衆生 應如是布施.
수보리 보살 위이익일체중생 응여시보시

㉒
如來說 此衆生相 卽是非相 又說 一切
여래설 차중생상 즉시비상 우설 일체

衆生 則非衆生.
중생 즉비중생

㉓
須菩提 如來 是眞語者 實語者 如語者.
수보리 여래 시진어자 실어자 여어자

不誑語者 不異語者.
불광어자 불이어자

㉔
須菩提 如來所得法 此法 無實無虛.
수보리 여래소득법 차법 무실무허

66

⑲

어디에도 안걸리는 큰마음을 내야하며
아주작은 걸림에도 걸리면~ 안됩니다.

⑳

보살들은 형상소리 냄새맛촉 현상들에
안걸리는 보시행을 해야하는 것입니다.

㉑

수보리~ 장로님~ 보살들은 모든중생
이롭게~ 하기위해 보시하는 것입니다.

㉒

보시하되 보시했다 생각하면 아니되고
모든중생 위하였다 생각하면 안됩니다.

㉓

수보리~ 장로님~ 여래는~ 당연히~
참된말과 바른말과 옳은말만 말합니다.
속이는말 아니하고 헛된말을 안합니다.

㉔

수보리~ 장로님~ 여래는~ 부처님법
깨닫고도 깨달았다 생각하지 아니하고,

㉕
須菩提 若菩薩 心住於事 而行布施 如
수보리 약보살 심주어사 이행보시 여

人入闇 則無所見.
인입암 즉무소견

㉖
須菩提 若菩薩 心不住事 而行布施 如人
수보리 약보살 심부주사 이행보시 여인

有目 日光明照 見種種色.
유목 일광명조 견종종색

㉗
須菩提 若有善男子善女人 能於此經 受
수보리 약유선남자선여인 능어차경 수

持讀誦 爲他人說 則爲如來 以佛智慧
지독송 위타인설 즉위여래 이불지혜

悉知是人 悉見是人 皆得成就 無量無
실지시인 실견시인 개득성취 무량무

邊 功德.
변 공덕

생각하지 않는다는 생각조차 않습니다.

㉕

수보리~ 장로님~ 눈이밝은 사람들도

어두운~ 밤중에는 아무것도 볼수없듯

보시하는 보살들도 걸려있는 마음으론

제대로~ 복덕들을 지을수가 없습니다.

㉖

수보리~ 장로님~ 눈이밝은 사람들도

빛이있는 낮이라야 여러모습 볼수있듯

보시하는 보살들도 마음이~ 안걸려야

참으로~ 복덕들을 지을수가 있습니다.

㉗

수보리~ 장로님~ 부처님의 지혜로써

여래는~ 모두알고 모두보고 있습니다.

이법문을 받아지녀 독송하며 전해주는

선남자와 선여인이 짓게되는 복덕들은

헤아릴수 없을만큼 한량없이 많습니다.

十五. 持經功德分

①

須菩提 若有人 初日分 以恒河沙等身
수보리 약유인 초일분 이강가사등신

布施 中日分 復以恒河沙等身布施 後日
보시 중일분 부이강가사등신보시 후일

分 亦以恒河沙等身布施 如是百千萬億
분 역이강가사등신보시 여시백천만억

劫 以身布施 若復有人 聞此經典 信心
겁 이신보시 약부유인 문차경전 신심

不謗 其福勝彼.
불방 기복승피

②

何况書寫 受持讀誦 爲人解說.
하황서사 수지독송 위인해설

③

須菩提 是經有 不可思議 不可稱量 功
수보리 시경유 불가사의 불가칭량 공

德.
덕

④

如來 爲發大乘者說 爲發最上乘者說.
여래 위발대승자설 위발최상승자설

15장 금강경을 받아 지니는 공덕

①

수보리~ 장로님~ 백천만억 겁동안을[28]

매일매일 아침에도 한낮에도 저녁에도

강가강의 모래만큼 여러차례 자기몸을

보시하는 사람들이 짓게되는 복보다도

이법문을 듣고서~ 비방않는 사람들이

짓게되는 복덕들이 훨씬더~ 많습니다.

②

하물며~ 이법문을 사경하고 받아지녀

독송하고 널리널리 전해주는 복덕이랴!

③

수보리~ 장로님~ 이법문의 복덕들은

헤아릴수 없을만큼 한량없이 많습니다.

④

이법문은 대승의길[29] 가는사람 위하여서

---

28 겁: 매우 긴 세월의 단위입니다.

29 대승: 대승에 대해서는 여러 별칭 즉 최상승, 최승승 등이 있습니다.

⑤
若有人 能受持讀誦 廣爲人說 如來 悉
약유인 능수지독송 광위인설 여래 실

知是人 悉見是人 皆得成就 不可量 不
지시인 실견시인 개득성취 불가량 불

可稱 無有邊 不可思議 功德.
가칭 무유변 불가사의 공덕

⑥
如是人等 則爲荷擔 如來阿耨多羅三藐
여시인등 즉위하담 여래아누다라삼먁

三菩提.
삼보리

⑦
何以故 湏菩提 若樂小法者 着我見 人
하이고 수보리 약요소법자 착아견 인

見 衆生見 壽者見 則於此經 不能 聽受
견 중생견 수자견 즉어차경 불능 청수

讀誦 爲人解說.
독송 위인해설

⑧
湏菩提 在在處處 若有此經 一切世間
수보리 재재처처 약유차경 일체세간

최상승길 가는사람 위하여서 설합니다.

⑤

이법문을 받아지녀 독송하며 설해주면

여래는~ 모두알고 모두보고 있습니다.

이런사람 짓는복은 끝도없이 많습니다.

헤아릴수 없을만큼 한량없이 많습니다.

⑥

최고바른 깨달음을 이루게될 것입니다.

⑦

수보리~ 장로님~ 수보리~ 장로님~

믿는마음 부족하여 자기중심 인간중심

중생중심 생명중심 생각하는 사람들은

이법문을 받아지녀 독송하지 못합니다.

널리널리 설법하여 전해주지 못합니다.

⑧

수보리~ 장로님~ 이법문이 있는곳은

온세상의 하느님과 사람들과 아수라가

天 人 阿修羅 所應供養 當知 此處 則爲
천 인 아수라 소응공양 당지 차처 즉위

是塔 皆應恭敬 作禮圍繞 以諸華香 而
시탑 개응공경 작례위요 이제화향 이

散其處.
산 기 처

十六. 能淨業障分

①

復次 湏菩提 善男子善女人 受持讀誦此
부 차 수보리 선남자선여인 수지독송차

經 爲他人說 若爲人輕賤 是人 先世罪
경 위타인설 약위인경천 시인 선세죄

業 應墮惡道 以今世人輕賤故 先世罪
업 응타악도 이금세인경천고 선세죄

業 則爲消滅 當得阿耨多羅三藐三菩提.
업 즉위소멸 당득아누다라삼막삼보리

②

湏菩提 我念過去 百千萬億阿僧祇劫 於
수보리 아념과거 백천만억아승기겁 어

然燈佛前 得値八萬四千 萬億那由他 諸
연등불전 득치팔만사천 만억나유타 제

부처님의 탑에하듯 공양올릴 것입니다.
예경하며 꽃과향을 올리게될 것입니다.

16장 전생 죄업까지도 씻어냄
①
수보리~ 장로님~ 이법문을 받아지녀
독송하며 널리널리 전하여~ 주면서도
천대받는 선남자와 선여인이 있습니다.
이들은~ 전생지은 죄업으로[30] 인하여서
다음생에 삼악도에 떨어질~ 사람인데
이생에서 남들에게 약간천대 받음으로
전생죄업 소멸하고 깨달음을 이룹니다.
②
수보리~ 장로님~ 수보리~ 장로님~
여래가~ 과거연등 부처님을 모시기전,
여래는~ 백천만억 아승기겁[31] 동안에~

---

30 전생지은 죄업: 대부분의 과보는 현생에서 다 받으나, 생을 건너뛰어 전해지기도 합니다.

佛　悉皆供養承事　無空過者.
불　실개공양승사　무공과자

③

若復有人　於後末世　能受持讀誦此經　爲
약부유인　어후말세　능수지독송차경　위

他人說　所得功德　於我所供養諸佛功德
타인설　소득공덕　어아소공양제불공덕

百分　不及一　千萬億分　乃至　算數譬喩
백분　불급일　천만억분　내지　산수비유

所不能及.
소불능급

④

須菩提　若善男子善女人　於後末世　有
수보리　약선남자선여인　어후말세　유

受持讀誦此經　爲他人說　所得功德　我
수지독송차경　위타인설　소득공덕　아

若具說者　或有人聞　心則狂亂　狐疑不
약구설자　혹유인문　심즉광란　호의불

信.
신

팔만사천 만억나유 부처님을 친견하며
빠짐없이 정성다해 섬겼던일 있습니다.
③
그렇지만 말법세상 이법문을 받아지녀
독송하고 전해주며 짓는복에 비교하면
여래가~ 그모든~ 부처님께 공양하고
예경하여 지은복은 백분의일 천분의일
만억분의 일에조차 미치지~ 못합니다.
숫자로는 비교조차 할수가~ 없습니다.
④
수보리~ 장로님~ 수보리~ 장로님~
말법세상 이법문을 받아지녀 독송하며
널리널리 전해주는 선남자와 선여인이
짓게되는 복덕들을 여래가~ 다말하면
사람들은 믿지않고 혼란해할 것입니다.

---

31 아승기: 매우 많은 숫자의 단위입니다.

⑤

須菩提 當知 是經義 不可思議 果報 亦
수보리 당지 시경의 불가사의 과보 역

不可思議.
불가사의

十七. 究竟無我分

①

世尊 善男子善女人 發菩薩乘 云何應住
세존 선남자선여인 발보살승 운하응주

云何修行 云何降伏其心?
운하수행 운하항복기심

②

須菩提 善男子善女人 發菩薩乘 當生如
수보리 선남자선여인 발보살승 당생여

是心 我應滅度 一切衆生.
시심 아응멸도 일체중생

⑤
수보리~ 장로님~ 이법문의 복덕들은
헤아릴수 없을만큼 한량없이 많습니다.
이에따라 생겨나는 이법문의 과보역시
헤아릴수 없을만큼 한량없이 많습니다.

17장 자기중심적 생각에서 완전히 벗어남
①
거룩하신 부처님~ 거룩하신 부처님~
보살의길 가려하는 선남자와 선여인은
어떻게~ 발원하고 어떻게~ 수행하며
어떻게~ 자기마음 다스려야 하옵니까?
②
수보리~ 장로님~ 수보리~ 장로님~
보살의길 가려하는 선남자와 선여인은
'일체중생 열반으로 내가모두 제도한다'
이와같은 큰발원을 해야하는 것입니다.

③
滅度一切衆生已 而無有一衆生 實滅度
멸 도 일 체 중 생 이　이 무 유 일 중 생　실 멸 도

者.
자

④
何以故 須菩提 若菩薩 有我相 人相 衆
하 이 고　수 보 리　약 보 살　유 아 상　인 상　중

生相 壽者相 則非菩薩.
생 상　수 자 상　즉 비 보 살

⑤
所以者何 須菩提 實無有法 名發菩薩乘者.
소 이 자 하　수 보 리　실 무 유 법　명 발 보 살 승 자

⑥
須菩提 於意云何 如來 於然燈佛所 有
수 보 리　어 의 운 하　여 래　어 연 등 불 소　유

法 得阿耨多羅三藐三菩提 不?
법　득 아 누 다 라 삼 먁 삼 보 리　부

⑦
不也 世尊 如我解佛所說義 佛於然燈
불 야　세 존　여 아 해 불 소 설 의　불 어 연 등

③
이리하여 일체중생 열반으로 제도하되
중생제도 하였다고 생각하면 안됩니다.
④
수보리~ 장로님~ 자기중심 인간중심
중생중심 생명중심 생각하는 보살들은
참~된~ 보살이라 말할수가 없습니다.
⑤
수보리~ 장로님~ 그런생각 아니해야
참으로~ 보살의길 가고있는 것입니다.
⑥
수보리~ 장로님~ 어찌생각 하십니까?
과거연등 부처님을 모시고~ 있을때에
'다음생에 최고바른 깨달음을 이룰거라'
여래가~ 생각했다 말할수가 있습니까?
⑦
아닙니다 부처님~ 그리생각 않습니다.
제가지금 부처님의 말씀이해 하기로는

佛所　無有法　得阿耨多羅三藐三菩提.
불소　무유법　득아누다라삼먁삼보리

⑧
如是如是　湏菩提　實無有法　如來　得阿
여시여시　수보리　실무유법　여래　득아

耨多羅三藐三菩提.
누다라삼먁삼보리

⑨
湏菩提　若有法　如來　得阿耨多羅三藐
수보리　약유법　여래　득아누다라삼먁

三菩提者　然燈佛　則不與我受記　汝於
삼보리자　연등불　즉불여아수기　여어

來世　當得作佛　號釋迦牟尼.
래세　당득작불　호석가모니

⑩
以實無有法　如來　得阿耨多羅三藐三菩
이실무유법　여래　득아누다라삼먁삼보

과거연등 부처님을 모시고~ 계실때에
'다음생에 최고바른 깨달음을 이룰거라'
부처님은 그렇게~ 생각않으 셨습니다.
⑧
수보리~ 장로님~ 참으로~ 옳습니다.
'다음생에 최고바른 깨달음을 이룰거라'
여래는~ 그렇게~ 생각아니 했습니다.
⑨
수보리~ 장로님~ 수보리~ 장로님~
'다음생에 최고바른 깨달음을 이룰거라'
여래가~ 그렇게~ 생각을~ 했더라면
과거연등 부처님이 여래에게 그당시에
"다음생에 석가모니 부처가될 것입니다"
이러한~ 수기를~ 안주셨을 것입니다.
⑩
'다음생에 최고바른 깨달음을 이룰거라'
여래가~ 그렇게~ 생각하지 않았기에

提 是故 然燈佛 與我受記 作是言 汝
리 시고 연등불 여아수기 작시언 여

於來世 當得作佛 號釋迦牟尼.
어래세 당득작불 호석가모니

⑪
湏菩提 如來者 即諸法如義.
수보리 여래자 즉제법여의

⑫
湏菩提 若有人言 有法 如來 得阿耨多羅
수보리 약유인언 유법 여래 득아누다라

三藐三菩提 即爲謗我 爲非善取.
삼막삼보리 즉위방아 위비선취

⑬
湏菩提 實無有法 如來 得阿耨多羅三
수보리 실무유법 여래 득아누다라삼

藐三菩提.
막삼보리

과거연등 부처님이 여래에게 그당시에
"다음생에 석가모니 부처가될 것입니다"
이러한~ 수기를~ 주시었던 것입니다.
⑪
수보리~ 장로님~ 부처라고 하는말은
모든것에 대하여서 여여하다³² 뜻입니다.
⑫
수보리~ 장로님~ 수보리~ 장로님~
'최고바른 깨달음을 온전하게 이루었다'
여래가~ 이런생각 한다하는 사람들은
여래를~ 근거없이 비방하는 것입니다.
⑬
수보리~ 장로님~ 수보리~ 장로님~
'최고바른 깨달음을 온전하게 이루었다'
여래는~ 이런생각 조금도~ 않습니다.

---

32 여여하다: 사실을 왜곡하지도 않고, 어떤 것에 걸려들지도 않으며, 있는 그대로 본다는 의미입
니다.

⑭
須菩提 如來所得 阿耨多羅三藐三菩提
수보리 여래소득 아누다라삼먁삼보리

於是中 無實無虛 是故 如來說 一切法
어시중 무실무허 시고 여래설 일체법

皆是佛法.
개시불법

⑮
須菩提 所言 一切法者 卽非一切法 是
수보리 소언 일체법자 즉비일체법 시

故名一切法.
고명일체법

⑯
須菩提 譬如人身長大.
수보리 비여인신장대

⑰
世尊 如來說 人身長大 則爲非大身 是
세존 여래설 인신장대 즉위비대신 시

名大身.
명대신

⑭
수보리~ 장로님~ 여래는~ 깨달음을
이루고도 이루었다 생각하지 아니하고,
생각하지 않는다는 생각조차 아니하여
모든법을 깨달았다 말할수가 있습니다.
부처님법 깨달았다 말할수가 있습니다.
⑮
수보리~ 장로님~ 일체모든 법들을~
깨닫고도 깨달았다 생각하지 아니해야
참으로~ 깨달았다 말할수가 있습니다.
⑯
수보리~ 장로님~ 수보리~ 장로님~
존귀함에 대하여서 말씀하여 보십시오.
⑰
거룩하신 부처님~ 거룩하신 부처님~
존귀하되 존귀하다 생각하지 아니해야
참으로~ 존귀하다 말할수가 있습니다.

⑱
須菩提 菩薩亦如是 若作是言 我當滅度
수보리　보살역여시　약작시언　아당멸도

無量衆生 則不名菩薩.
무량중생　즉불명보살

⑲
須菩提 於意云何 頗有實法 名爲菩薩?
수보리　어의운하　파유실법　명위보살

⑳
不也 世尊 實無有法 名爲菩薩.
불야　세존　실무유법　명위보살

㉑
須菩提 衆生者 非衆生 是名衆生.
수보리　중생자　비중생　시명중생

㉒
是故 佛說 一切法 無我 無人 無衆生
시고　불설　일체법　무아　무인　무중생

無壽者.
무수자

⑱
수보리~ 장로님~ 보살들도 같습니다.
중생제도 하였다고 말을하는 보살들은
참~된~ 보살이라 말할수가 없습니다.
⑲
수보리~ 장로님~ 어찌생각 하십니까?
'나는이제 보살경지 온전하게 이루었다'
보살이~ 이런생각 한다할수 있습니까?
⑳
아닙니다 부처님~ 그런생각 아니해야
참~된~ 보살이라 말할수가 있습니다.
㉑
수보리~ 장로님~ 중생제도 하고서도
중생제도 하였다고 생각하지 아니해야
참으로~ 제도했다 말할수가 있습니다.
㉒
어떠한~ 경우라도 자기중심 인간중심
중생중심 생명중심 생각하면 안됩니다.

㉓
須菩提 若菩薩 作是言 我當莊嚴佛土
수보리 약보살 작시언 아당장엄불도

是不名菩薩.
시불명보살

㉔
何以故 如來說 莊嚴佛土者 卽非莊嚴
하이고 여래설 장엄불토자 즉비장엄

是名莊嚴.
시명장엄

㉕
須菩提 若菩薩 通達無我法者 如來說
수보리 약보살 통달무아법자 여래설

名眞是菩薩.
명진시보살

十八. 一體同觀分

①
須菩提 於意云何 如來有肉眼 不?
수보리 어의운하 여래유육안 부

②
如是 世尊 如來有肉眼.
여시 세존 여래유육안

㉓
수보리~ 장로님~ 수보리~ 장로님~
불국토를 장엄했다 말을하는 보살들은
참~된~ 보살이라 말할수가 없습니다.
㉔
불국토를 장엄하되 장엄했다 아니해야
참으로~ 장엄했다 말할수가 있습니다.
㉕
수보리~ 장로님~ 수보리~ 장로님~
자기중심 생각들을 조금도~ 아니해야
참~된~ 보살이라 말할수가 있습니다.

18장 빠짐없이 두루 관찰함
①
수보리~ 장로님~ 어찌생각 하십니까?
여래는~ 육신의눈[33] 가지고~ 있습니까?
②
거룩하신 부처님~ 가지고~ 계십니다.

---

33 육신의 눈: 인간들이 일반적으로 가지고 있는 눈을 말합니다.

③

須菩提 於意云何 如來有天眼 不?
수보리 어의운하 여래유천안 부

④

如是 世尊 如來有天眼.
여시 세존 여래유천안

⑤

須菩提 於意云何 如來有慧眼 不?
수보리 어의운하 여래유혜안 부

⑥

如是 世尊 如來有慧眼.
여시 세존 여래유혜안

⑦

須菩提 於意云何 如來有法眼 不?
수보리 어의운하 여래유법안 부

부처님은 육신의눈 가지고~ 계십니다.

③

수보리~ 장로님~ 어찌생각 하십니까?

여래는~ 하늘의눈[34] 가지고~ 있습니까?

④

거룩하신 부처님~ 가지고~ 계십니다.

부처님은 하늘의눈 가지고~ 계십니다.

⑤

수보리~ 장로님~ 어찌생각 하십니까?

여래는~ 지혜의눈[35] 가지고~ 있습니까?

⑥

거룩하신 부처님~ 가지고~ 계십니다.

부처님은 지혜의눈 가지고~ 계십니다.

⑦

수보리~ 장로님~ 어찌생각 하십니까?

여래는~ 법의눈을[36] 가지고~ 있습니까?

---

34 하늘의 눈: 하느님들이 가지고 있는 눈, 즉 육신의 눈의 기능은 물론이려니와 공간적 제약을
받지 않는 눈을 말합니다.

35 지혜의 눈: 하늘의 눈의 기능은 물론이려니와 현재의 것을 보고 과거인연까지 알 수 있는
눈을 말합니다.

⑧
如是 世尊 如來有法眼.
여시 세존 여래유법안

⑨
湏菩提 於意云何 如來有佛眼 不?
수보리 어의운하 여래유불안 부

⑩
如是 世尊 如來有佛眼.
여시 세존 여래유불안

⑪
湏菩提 於意云何 恒河中所有沙 佛說是
수보리 어의운하 강가중소유사 불설시

沙 不?
사 부

⑫
如是 世尊 如來說是沙.
여시 세존 여래설시사

⑧
거룩하신 부처님~ 가지고~ 계십니다.
부처님은 법의눈을 가지고~ 계십니다.
⑨
수보리~ 장로님~ 어찌생각 하십니까?
여래는~ 부처의눈[37] 가지고~ 있습니까?
⑩
거룩하신 부처님~ 가지고~ 계십니다.
부처님은 부처의눈 가지고~ 계십니다.
⑪
수보리~ 장로님~ 어찌생각 하십니까?
"강가강에 있는모든 모래알과 같은수~"
여래가~ 이런말을 했던적이 있습니까?
⑫
거룩하신 부처님~ 하신적이 있습니다.
부처님은 그런말씀 하신적이 있습니다.

36 법의 눈: 모든 현상의 진상을 잘 알 수 있는 눈을 말합니다.
37 부처의 눈: 최고의 바른 깨달음을 이룬 부처님들만이 가질 수 있는 눈 혹은 관점을 말합니다.

⑬

須菩提 於意云何 如一恒河中所有沙 有
수보리 어의운하 여일강가중소유사 유

如是等恒河 是諸恒河所有沙數 世界 如
여시등강가 시제강가소유사수 세계 여

是 寧爲多 不?
시 영위다 부

⑭

甚多 世尊.
심다 세존

⑮

須菩提 爾所國土中 所有衆生 若干種
수보리 이소국토중 소유중생 약간종

心 如來悉知.
심 여래실지

⑯

何以故 如來說 諸心 皆爲非心 是名爲心.
하이고 여래설 제심 개위비심 시명위심

⑰

所以者何 須菩提 過去心不可得 未來
소이자하 수보리 과거심불가득 미래

心不可得 現在心不可得.
심불가득 현재심불가득

⑬
수보리~ 장로님~ 어찌생각 하십니까?
강가강에 있는모든 모래알과 같은수의
강가강의 모래수의 세계들은 많습니까?
⑭
많습니다 부처님~ 매우매우 많습니다.
⑮
수보리~ 장로님~ 그모든~ 세계안의
모든중생 모든마음 여래는~ 다압니다.
⑯
마음들을 알면서도 실체라고 아니해야
참으로~ 안다고~ 말할수가 있습니다.
⑰
수보리~ 장로님~ 수보리~ 장로님~
과거의~ 마음에도 걸리면~ 아니되고
미래의~ 마음에도 걸리면~ 아니되며
현재의~ 마음에도 걸리면~ 안됩니다.

十九. 法界通化分

①

須菩提　於意云何　若有人　滿三千大千
수보리　어의운하　약유인　만삼천대천

世界七寶　以用布施　是人　以是因緣　得
세계칠보　이용보시　시인　이시인연　득

福多　不?
복다　부

②

如是　世尊　此人　以是因緣　得福　甚多.
여시　세존　차인　이시인연　득복　심다

③

須菩提　若福德有實　如來不說　得福德多.
수보리　약복덕유실　여래불설　득복덕다

④

以福德　無故　如來說　得福德多.
이복덕　무고　여래설　득복덕다

二十. 離色離相分

①

須菩提　於意云何　如來　可以具足色身
수보리　어의운하　여래　가이구족색신

19장 복덕에 걸리지 않음

①

수보리~ 장로님~ 어찌생각 하십니까?

삼천대천 세계만큼 금은보화 보시하는

사람들이 짓게되는 복덕들은 많습니까?

②

많습니다 부처님~ 매우매우 많습니다.

③

수보리~ 장로님~ 수보리~ 장로님~

많은복을 짓더라도 지었다고 생각하면

제대로~ 지었다고 말할수가 없습니다.

④

복짓고도 지었다고 생각하지 아니해야

참으로~ 지었다고 말할수가 있습니다.

20장 모습에 걸리지 않음

①

수보리~ 장로님~ 어찌생각 하십니까?

부처님의 거룩한~ 형상들을[38]다갖추면

見 不?
견 부

②
不也 世尊 如來 不應 以具足色身 見.
불야 세존 여래 불응 이구족색신 견

③
何以故 如來說 具足色身 卽非具足色
하이고 여래설 구족색신 즉비구족색

身 是名具足色身.
신 시명구족색신

④
湏菩提 於意云何 如來 可以具足諸相
수보리 어의운하 여래 가이구족제상

見 不?
견 부

⑤
不也 世尊 如來 不應 以具足諸相 見.
불야 세존 여래 불응 이구족제상 견

⑥
何以故 如來說 諸相具足 卽非具足 是
하이고 여래설 제상구족 즉비구족 시

名諸相具足.
명제상구족

부처라고 말할수가 있다생각 하십니까?

②

아닙니다 부처님~ 부처형상 갖췄다고

반드시~ 부처라고 말할수는 없습니다.

③

부처형상 갖추고도 갖추었다 아니해야

참으로~ 갖추었다 말할수가 있습니다.

④

수보리~ 장로님~ 어찌생각 하십니까?

부처님의 거룩한~ 상호들을[39] 다갖추면

부처라고 말할수가 있다생각 하십니까?

⑤

아닙니다 부처님~ 부처상호 갖췄다고

반드시~ 부처라고 말할수는 없습니다.

⑥

부처상호 갖추고도 갖추었다 아니해야

참으로~ 갖추었다 말할수가 있습니다.

---

38 부처 형상: 부처님의 시각적 특징들을 말합니다.

39 부처 상호: 부처님의 여러 가지 특징들, 즉 32상과 80종호를 말합니다.

二十一. 非說所說分

①
須菩提 於意云何 如來作是念 我當有
수보리 어의운하 여래작시념 아당유

所說法 不?
소설법 부

②
不也 世尊.
불야 세존

③
須菩提 若人言 如來有所說法 卽爲謗
수보리 약인언 여래유소설법 즉위방

我 爲非善取.
아 위비선취

④
須菩提 說法者 無法可說 是名說法.
수보리 설법자 무법가설 시명설법

⑤
世尊 頗有衆生 於未來世 聞說是法 生
세존 파유중생 어미래세 문설시법 생

21장 설법에 걸리지 않음

①

수보리~ 장로님~ 어찌생각 하십니까?

'부처님의 거룩한법 널리전해 주었다'고

여래가~ 생각한다 말할수가 있습니까?

②

아닙니다 부처님~ 그리생각 않습니다.

③

수보리~ 장로님~ 참으로~ 옳습니다.

'부처님의 거룩한법 널리전해 주었다'고

여래가~ 생각한다 말을하는 사람들은

여래를~ 근거없이 비방하는 것입니다.

④

수보리~ 장로님~ 부처님의 법을널리

전하고도 전하였다 생각하지 아니해야

참으로~ 전하였다 말할수가 있습니다.

⑤

거룩하신 부처님~ 거룩하신 부처님~

信心 不?
신심 부

⑥
須菩提 彼非衆生 非不衆生.
수보리 피비중생 비불중생

⑦
何以故 須菩提 衆生衆生者 如來說 非
하이고 수보리 중생중생자 여래설 비

衆生 是名衆生.
중생 시명중생

二十二. 無法可得分

①
須菩提 於意云何 有法 如來 得阿耨
수보리 어의운하 유법 여래 득아누

多羅三藐三菩提 不?
다라삼먁삼보리 부

②
不也 世尊 無有少法 佛 得阿耨多羅三
불야 세존 무유소법 불 득아누다라삼

미래에도 이법문을 믿을중생 있습니까?

⑥

수보리～ 장로님～ 수보리～ 장로님～

이법문을 아니믿는 중생들을 보면서도

아니믿는 중생이라 생각하면 안됩니다.

⑦

수보리～ 장로님～ 중생들을 보면서도

중생들을 실체라고 생각하지 아니해야

참으로～ 본다고～ 말할수가 있습니다.

22장 깨달음에 걸리지 않음

①

수보리～ 장로님～ 어찌생각 하십니까?

'최고바른 깨달음을 온전하게 이루었다'

여래가～ 이런생각 한다할수 있습니까?

②

아닙니다 부처님～ 그리생각 않습니다.

'최고바른 깨달음을 온전하게 이루었다'

藐三菩提.
막 삼 보 리

③
如是如是　湏菩提　我於阿耨多羅三藐三
여 시 여 시　수 보 리　아 어 아 누 다 라 삼 막 삼

菩提　乃至　無有少法可得　是名阿耨多
보 리　내 지　무 유 소 법 가 득　시 명 아 누 다

羅三藐三菩提.
라 삼 막 삼 보 리

二十三. 淨心行善分

①
復次　湏菩提　是法平等　無有高下　是名
부 차　수 보 리　시 법 평 등　무 유 고 하　시 명

阿耨多羅三藐三菩提.
아 누 다 라 삼 막 삼 보 리

②
以無我　無人　無衆生　無壽者　修一切善
이 무 아　무 인　무 중 생　무 수 자　수 일 체 선

法　則得阿耨多羅三藐三菩提.
법　즉 득 아 누 다 라 삼 막 삼 보 리

부처님은 그런생각 조금도~ 않습니다.
③
수보리~ 장로님~ 참으로~ 옳습니다.
'최고바른 깨달음을 온전하게 이루었다'
여래는~ 이런생각 조금도~ 아니해서
참으로~ 이루었다 말할수가 있습니다.

23장 깨끗한 마음으로 법을 잘 닦음
①
수보리~ 장로님~ 수보리~ 장로님~
차별하지 아니하고 평등하게 생각해야
최고바른 깨달음을 이룰수가 있습니다.
②
수보리~ 장로님~ 자기중심 인간중심
중생중심 생명중심 생각하지 아니하고
일체모든 법들을~ 온전하게 닦았어야
최고바른 깨달음을 이룰수가 있습니다.

③
須菩提 所言 善法者 如來說 卽非善法
수보리 소언 선법자 여래설 즉비선법

是名善法.
시명선법

二十四. 福智無比分
①
須菩提 若三千大千世界中 所有諸須彌
수보리 약삼천대천세계중 소유제수미

山王 如是等七寶聚 有人 持用布施 若
산왕 여시등칠보취 유인 지용보시 약

人 以此般若波羅蜜經 乃至 四句偈等
인 이차반야바라밀경 내지 사구게등

受持讀誦 爲他人說 前說福德 於此福
수지독송 위타인설 전설복덕 어차복

德 百分 不及一 千萬億分 乃至 筭數
덕 백분 불급일 천만억분 내지 산수

譬喻 所不能及.
비유 소불능급

③
수보리~ 장로님~ 수보리~ 장로님~
법들을잘 닦았어도 닦았다고 아니해야
참으로~ 닦았다고 말할수가 있습니다.

24장 비교할 수 없이 큰 복덕

①
수보리~ 장로님~ 삼천대천 세계안의
가장큰산 수미산을 전부합친 것만큼의
금은보화 보시하는 사람들이 짓는복은
이법문의 사구게를 하나라도 받아지녀
독송하며 널리널리 전해주는 사람들이
짓는복에 비교하면 백분의일 천분의일
만억분의 일에조차 미치지~ 못합니다.
숫자로는 비교조차 할수가~ 없습니다.

二十五. 化無所化分

①
須菩提　於意云何　如來作是念　我當度
수보리　어의운하　여래작시념　아당도

衆生?　須菩提　莫作是念.　何以故　實無
중생　수보리　막작시념　하이고　실무

有衆生　如來度者.
유중생　여래도자

②
若有衆生　如來度者　如來　則有我人衆
약유중생　여래도자　여래　즉유아인중

生壽者.
생수자

③
須菩提　如來說　有我者　則非有我　而凡
수보리　여래설　유아자　즉비유아　이범

夫之人　以爲有我.
부지인　이위유아

④
須菩提　凡夫者　如來說　則非凡夫　是名
수보리　범부자　여래설　즉비범부　시명

①

수보리~ 장로님~ 어찌생각 하십니까?

"중생해탈 시켰다고 여래가~ 생각한다"

이렇게~ 말할수가 있다생각 하십니까?

수보리~ 장로님~ 그리생각 마십시오.

여래는~ 그런생각 조금도~ 않습니다.

②

중생해탈 시켰다고 여래가~ 생각하면

여래도~ 자기중심 인간중심 중생중심

생명중심 생각들을 하고있는 것입니다.

③

수보리~ 장로님~ 자기중심 생각보되

그생각을 실체라고 생각하면 안됩니다.

범부들만[40] 그렇게~ 생각하는 것입니다.

④

수보리~ 장로님~ 범부들을 보면서도

---

40 범부: 지혜가 얕고 우둔한 사람들을 말합니다.

凡夫.
범부

二十六. 法身非相分

①

須菩提　於意云何　可以具足相　觀如來
수 보 리　어 의 운 하　가 이 구 족 상　관 여 래

不?
부

②

不也　世尊　不應　以具足相　觀如來.
불 야　세 존　불 응　이 구 족 상　관 여 래

③

如是如是　須菩提　如汝所說　不應　以具
여 시 여 시　수 보 리　여 여 소 설　불 응　이 구

足相　觀如來.
족 상　관 여 래

④

若以具足相　觀如來者　轉輪聖王　則是
약 이 구 족 상　관 여 래 자　전 륜 성 왕　즉 시

如來.
여 래

범부들을 실체라고 생각하지 아니해야
참으로~ 본다고~ 말할수가 있습니다.

26장 법신에도 걸리지 않음

①
수보리~ 장로님~ 어찌생각 하십니까?
부처님의 거룩한~ 상호들을 다갖추면
부처라고 말할수가 있다생각 하십니까?

②
아닙니다 부처님~ 부처상호 갖췄다고
반드시~ 부처라고 말할수는 없습니다.

③
수보리~ 장로님~ 참으로~ 옳습니다.
장로님의 말씀대로 부처상호 갖췄다고
반드시~ 부처라고 말할수는 없습니다.

④
부처상호 갖췄다고 부처라고 말한다면
전륜왕도[41] 부처라고 하여야할 것입니다.

⑤

世尊 如我解 佛所說義 不應 以具足相
세존 여아해 불소설의 불응 이구족상

觀如來.
관여래

⑥

爾時 世尊 而說偈言
이시 세존 이설게언

若以色見我　以音聲求我
약이색견아　이음성구아

是人行邪道　不能見如來.
시인행사도　불능견여래

⑦

應觀佛法性　卽導師法身
응관불법성　즉도사법신

法性非所識　故彼不能了.
법성비소식　고피불능료

114

⑤

거룩하신 부처님~ '부처상호 갖췄다고
반드시~ 부처라고 말할수는 없다'라는
부처님의 말씀더잘 이해하게 됐습니다.

⑥

이때에~ 부처님이 게송부르 셨습니다.

형상으로 부처님을 보려하거나
음성으로 부처님을 찾으려하면
옳지않은 길을가고 있기때문에
부처님을 만나뵐수 없게됩니다.

⑦

부처님은 법성으로 봐야합니다.
부처님은 법신으로 나타납니다.
부처님을 인식으로 찾으려하면
부처님을 찾을수가 없게됩니다.

---

41 전륜(성)왕: 하늘로부터 받은 윤보를 굴리면서 세상을 아주 평화롭게 잘 통치하는 이상적인
왕을 말합니다.

二十七. 無斷無滅分

①
須菩提　於意云何　如來　可以具足相　故
수보리　어의운하　여래　가이구족상　고

得阿耨多羅三藐三菩提　不?
득아누다라삼먁삼보리　부

②
須菩提　莫作是念　如來　不以具足相　故
수보리　막작시념　여래　불이구족상　고

得阿耨多羅三藐三菩提.
득아누다라삼먁삼보리

③
須菩提　汝若作是念　發菩薩乘者　說諸
수보리　여약작시념　발보살승자　설제

法斷滅相　莫作是念.
법단멸상　막작시념

④
何以故　發菩薩乘者　於法　不說斷滅相.
하이고　발보살승자　어법　불설단멸상

①

수보리~ 장로님~ 어찌생각 하십니까?

"여래는~ 부처상호 다갖추고 있으니까

최고바른 깨달음을 온전하게 이루었다"

그렇게~ 말할수가 있다생각 하십니까?

②

수보리~ 장로님~ 그리생각 마십시오.

"여래는~ 부처상호 다갖추고 있으니까

최고바른 깨달음을 온전하게 이루었다"

누구도~ 그렇게~ 말할수가 없습니다.

③

수보리~ 장로님~ 수보리~ 장로님~

보살의길 가고있는 사람들도 생각들이

끊어지고 없어질수 있다생각 마십시오.

④

보살의길 가고있는 사람들은 생각들이

끊어지지 아니하고 없어지지 않습니다.

二十八. 不受不貪分

①

須菩提 若有人 以滿恒河沙等世界七寶
수보리 약유인 이만강가사등세계칠보

持用布施 若有菩薩 於一切法 無我得成
지용보시 약유보살 어일체법 무아득성

於忍 此功德 勝前所得功德.
어인 차공덕 승전소득공덕

②

須菩提 菩薩 不受福德故.
수보리 보살 불수복덕고

③

世尊 云何菩薩 不受福德?
세존 운하보살 불수복덕

④

須菩提 菩薩 所作福德 不應貪着 是故
수보리 보살 소작복덕 불응탐착 시고

說 不受福德.
설 불수복덕

28장 보답에 걸리지 않음

①

수보리~ 장로님~ 수보리~ 장로님~

강가강의 모래수와 같은세계 채울만큼

금은보화 보시하는 사람짓는 복보다도

자기중심 생각에서 완전하게 벗어나신

보살들이 짓는복이 훨씬더~ 많습니다.

②

수보리~ 장로님~ 참~된~ 보살들은

지은복을 누리려고 생각하지 않습니다.

③

거룩하신 부처님~ 어떻게~ 하는것이

지은복을 누리려고 생각않는 것입니까?

④

수보리~ 장로님~ 수보리~ 장로님~

복짓고도 지었다고 생각하지 아니해야

지은복을 누리려고 생각않는 것입니다.

二十九. 威儀寂靜分

①

須菩提 若有人言 如來 若來 若去 若住
수보리 약유인언 여래 약래 약거 약주

若坐 若臥 是人不解 我所說義.
약좌 약와 시인불해 아소설의

②

何以故 如來者 無所從來 亦無所去 故
하이고 여래자 무소종래 역무소거 고

名如來.
명여래

三十. 一合理相分

①

須菩提 若善男子善女人 以三千大千世
수보리 약선남자선여인 이삼천대천세

界 碎爲微塵 於意云何 是微塵衆 寧爲
계 쇄위미진 어의운하 시미진중 영위

多 不?
다 부

29장 고요하고 평화로운 부처님 모습

①

수보리~ 장로님~ 수보리~ 장로님~
"부처님은 스스로~ '와서있다 가서있다
멈춰있다 앉아있다 누워있다' 생각한다"
이런말을 하는사람 여래가~ 하는말을
제대로~ 이해한다 말할수가 없습니다.

②

와있다는 생각에도 걸리지~ 아니하고
가있다는 생각에도 걸리지~ 아니해야
참~된~ 부처라고 말할수가 있습니다.

30장 대상에 걸리지 않음

①

수보리~ 장로님~ 선남자와 선여인이
삼천대천 세계부쉬 티끌로~ 만든다면
어찌생각 하십니까 티끌수는 많습니까?

② 甚多 世尊 何以故 若是微塵衆 實有者
심다 세존 하이고 약시미진중 실유자

佛則不說 是微塵衆.
불즉불설 시미진중

③ 所以者何 佛說 微塵衆 則非微塵衆 是
소이자하 불설 미진중 즉비미진중 시

名微塵衆.
명미진중

④ 世尊 如來所說 三千大千世界 則非世
세존 여래소설 삼천대천세계 즉비세

界 是名世界.
계 시명세계

⑤ 何以故 若世界 實有者 則是一合相.
하이고 약세계 실유자 즉시일합상

⑥ 如來說 一合相 則非一合相 是名一合
여래설 일합상 즉비일합상 시명일합

相.
상

②

많습니다 부처님~ 그렇지만 말씀하신

티끌들을 보더라도 실체라고 생각하면

제대로~ 본다고~ 말할수가 없습니다.

③

티끌들을 보면서도 실체라고 아니봐야

참으로~ 본다고~ 말할수가 있습니다.

④

거룩하신 부처님~ 거룩하신 부처님~

삼천대천 세계보되 실체라고 아니봐야

참으로~ 본다고~ 말할수가 있습니다.

⑤

삼천대천 세계들을 실체라고 생각하면

일합상에⁴² 걸려있다 말할수가 있습니다.

⑥

일합상을 보면서도 실체라고 아니봐야

참으로~ 본다고~ 말할수가 있습니다.

---

42 일합상: 자기가 생각하는 우주 전체를 실체라고 고집하는 생각을 말합니다.

⑦
須菩提 一合相者 則是不可說. 但凡夫
수보리 일합상자 즉시불가설 단범부

之人 貪着其事.
지인 탐착기사

三十一. 知見不生分

①
須菩提 若人言 佛說 我見 人見 衆生
수보리 약인언 불설 아견 인견 중생

見 壽者見 於意云何 是人所說 爲正語
견 수자견 어의운하 시인소설 위정어

不?
부

②
不也 世尊 是人所說 不爲正語.
불야 세존 시인소설 불위정어

③
何以故 世尊說 我見 人見 衆生見 壽者
하이고 세존설 아견 인견 중생견 수자

⑦
수보리~ 장로님~ 수보리~ 장로님~
일합상을 실체라고 생각하면 안됩니다.
범부들만 그렇게~ 생각하는 것입니다.

31장 지견을 내지 않음
①
수보리~ 장로님~ 자기중심 인간중심
중생중심 생명중심 편견에서 벗어나라
설법하여 주었다고 여래가~ 생각한다
이런말을 하는사람 어찌생각 하십니까?
옳은말을 하고있다 말할수가 있습니까?
②
아닙니다 부처님~ 그리생각 않습니다.
옳은말을 하고있다 말할수가 없습니다.
③
자기중심 인간중심 중생중심 생명중심
편견에서 벗어나라 부처님은 설법하되

見　卽非我見　人見　眾生見　壽者見　是
견　즉비아견　인견　중생견　수자견　시

名　我見　人見　眾生見　壽者見.
명　아견　인견　중생견　수자견

④
須菩提　發菩薩乘者　於一切法　應如是
수보리　발보살승자　어일체법　응여시

知　如是見　如是信解　不生法相.
지　여시견　여시신해　불생법상

⑤
須菩提　所言　法相者　如來說　卽非法相
수보리　소언　법상자　여래설　즉비법상

是名法相
시명법상

三十二. 應化非眞分
①
須菩提　若有人　以滿無量無數世界　七
수보리　약유인　이만무량무수세계　칠

설법하여 주었다고 생각하지 아니하여
참으로~ 설법했다 말할수가 있습니다.
④
수보리~ 장로님~ 수보리~ 장로님~
참으로~ 보살의길 가려하는 사람들은
모든것을 있는대로 온전하게 알고보며
있는대로 믿고이해 해야하는 것입니다.
법중심~ 생각에도 걸리면~ 안됩니다.
⑤
수보리~ 장로님~ 수보리~ 장로님~
법중심~ 생각보되 실체라고 아니봐야
참으로~ 본다고~ 말할수가 있습니다.

32장 모든 것은 지나감
①
수보리~ 장로님~ 수보리~ 장로님~
헤아릴수 없이많은 무량세계 채울만큼

寶 持用布施 若復有人 持於此經 乃至
보 지용보시 약부유인 지어차경 내지

四句偈等 受持讀誦 爲人演說 其福勝
사구게등 수지독송 위인연설 기복승

彼.
피

②

云何 爲人演說? 不取於相 是名爲人
운하 위인연설 불취어상 시명위인

演說.
연설

③

何以故
하이고

一切有爲法 如星翳燈幻
일체유위법 여성예등환

露泡夢電雲 應作如是觀.
노포몽전운 응작여시관

④

佛說 是經已 長老 湏菩提 及 諸比丘 比
불설 시경이 장로 수보리 급 제비구 비

丘尼 優婆塞 優婆夷 菩薩 一切世間 天
구니 우바새 우바이 보살 일체세간 천

128

금은보화 보시하는 사람짓는 복보다도
이법문의 사구게를 하나라도 받아지녀
독송하며 널리널리 전해주는 사람들이
짓게되는 복덕들이 훨씬더~ 많습니다.
②
어떻게~ 전해줘야 하는지를 아십니까?
전하여~ 주었다고 생각하지 아니해야
참으로~ 전해줬다 말할수가 있습니다.
③
　　보고듣는 일체모든 삼라만상은
　　별허깨비 등불환영 이슬과거품
　　꿈과번개 구름처럼 지나갑니다.
　　모든것을 이와같이 봐야합니다.
④
부처님이 이법문을 모두모두 마치시니,
수보리~ 장로님과 남자스님 여자스님
남자신도 여자신도 보살님들 모든세상

人 阿修羅 乾闥婆等 聞佛所說 皆大歡
인 아수라 건달바등 문불소설 개대환

喜 信受奉行.
희 신수봉행

定本 漢文 金剛經 終
정본 한문 금강경 종

하느님과 사람들과 아수라와 건달바가
부처님의 설법듣고 매우매우 기뻐하며
믿고지녀 받들어~ 행하기로 했습니다.

- 가사체 금강경 끝 -

용어 해설

불교佛教   나쁜행동 하나라도 않겠습니다.   諸惡莫作(제악막작)
　　　　　 착한행동 빠짐없이 하겠습니다.   衆善奉行(중선봉행)
　　　　　 깨끗하고 맑은마음 갖겠습니다.   自淨其意(자정기의)
　　　　　 이세가지 일곱부처 불교입니다.   是諸佛教(시제불교)
　　　　　　　　　　　　　　　　　　　　　　 (대반열반경 범행품)

독송용에 꼭 필요한 용어에 대해서 최소한의 해설만을 제시합니다. 자세한 용어해설
은 다른 자료를 참고하시기 바랍니다.

가리왕: 아주 옛날 어떤 왕이 있었습니다. 어느 날 왕은 궁녀들과 함께 교외로
　　나가 놀다가 잠이 들었습니다. 왕이 잠이 든 사이에 궁녀들은 사방으로 흩어져
　　꽃을 보며 놀았습니다. 한 궁녀가 어떤 인욕선인을 보고 설법을 청했습니다.
　　인욕선인은 설법을 했고, 잠에서 깨어나 이 광경을 본 왕은 시기와 질투를 가누지
　　못해 인욕선인의 귀, 코, 손, 발을 차례로 잘랐습니다. 이때의 인욕선인이 후세의
　　석가모니 부처님이었습니다. 이 잔인한 행동으로 인하여 가리왕이라는 이름이
　　생겨난 것입니다. '가리'라는 말은 잔혹하다는 뜻입니다.

강가강: ①인도 현지에서는 강가강이라고 합니다. ②영어권에서는 갠지스 강이라
　　고 합니다. ③중국 한자어에 대해 중국인들은 강가강이라고 합니다. ④중국
　　한자어에 대해 한국에서는 '항하'라고 읽었습니다. 따라서 '강가강'이라고 하는
　　것이 적절합니다.

겁劫: ①매우 긴 세월의 단위입니다. ②범천의 하루, 즉 인간세계의 사억 삼천 이백 만 년을 말하기도 합니다. ③개자 겁; 둘레 40리의 성에 개자를 가득 채운 후 3년마다 한 알씩 가지고 가서, 개자가 없어질 때까지의 시간을 말하기도 합니다. ④반석 겁; 둘레가 40리 되는 돌을 하느님들이 입는 매우 가벼운 비단 옷으로 3년마다 한 번 씩 스쳐 지나가서, 돌이 전부 닳아 없어질 때까지의 시간을 말하기도 합니다.

게송偈頌: 일반적으로 찬양하고 찬탄하는 노래를 말합니다. 그러나 설법내용을 시적으로 표현하는 경우도 게송이라고 합니다.

공사상空思想: "나쁜 행동 하나라도 하지 마시고, 착한 행동 빠짐없이 모두 하시고, 깨끗하고 맑은 마음 가지십시오"가 불교의 정의입니다. 앞의 둘을 전제로 해서 깨끗한 마음을 갖는 것이 공함입니다.

구류 중생: 중생을 참고 하십시오.

기원정사祇園精寺: 중인도 사위성에서 남쪽으로 2킬로미터 정도 떨어져 있으며, 부처님과 스님들이 설법하고 수도할 수 있도록 급고독원장자가 기증한 7층 가람으로 매우 웅장하였다고 합니다. 그러나 당나라 현장스님이 그곳을 순례하던 때에 이미 황폐화되어 있었다고 합니다.

대승大乘: 초기불교를 하는 사람들을 "타인 혹은 다른 생명체에 대한 배려가 부족하다"고 비난하며 소승이라고 하면서 나타난 불교운동을 말합니다.

말법末法: 부처님이 세상을 떠난 후 부처님의 가르침이 쇠퇴해 가는 과정을 크게 세 단계로 나누었습니다. 부처님의 가르침이 비교적 그대로 살아 있는 시기를 정법시대, 진리를 체득한 사람은 거의 없고 가르침만 전해지는 상법시대, 가르침 마저도 희미해져 버리는 말법시대로 나누었습니다.

반야般若바라밀: 최상의 지혜를 말합니다. 반야를 얻어야 성불하며 반야를 얻은 이는 부처이므로 반야는 모든 부처의 스승 또는 어머니라고 합니다. 앎은 세 가지로 구분할 수 있습니다. 첫째 앎인 지식은 일종의 기능이라고 보면 됩니다.

전문적 지식을 말합니다. 수영 태권도 의료지식 법률지식 경제학지식 달리기 권투 이 모두가 지식에 속합니다. 둘째 앎인 지혜는 도덕이라고 보면 됩니다. 노년까지 참으로 행복하게 사는 사람들은 거의 전부가 도덕적인 삶을 사는 사람들입니다. 셋째 앎인 반야지혜는 내생에도 통용되는 참된 지혜를 말합니다. 속세의 지혜와 구분되는 참으로 바른 지혜를 말합니다. 반야바라밀은 이 참으로 바른 지혜를 체화하여 완성하려는 수행을 말합니다.

발원發願: 극락세계를 건설하여 중생을 구제하려고 하거나 착한 일을 하려는 마음을 일으키는 것을 말합니다. 특히, 모든 중생을 완전히 성불시켜서 영원히 지옥을 없애겠다는 지장보살님의 발원이 중요합니다.

범부凡夫: 지혜가 얕고 우둔한 중생을 말합니다. 올바른 이치를 깨닫지 못한 사람을 범부라고 합니다. 원래의 의미는 보통 사람이라는 의미였으나, 보통 사람을 선남선녀 혹은 선남자 선여인이라고 하게 되면서 범부는 부정적인 의미로 쓰이게 된 것 같습니다.

법法: 부처님의 가르침을 말하는 경우가 대부분입니다. 그러나 개인이 생각하는 '나름대로의 진리'도 법이라고 합니다. 따라서 경전에서의 법은 진리라는 긍정적 의미와 분별심이라는 부정적 의미를 동시에 내포하게 됩니다.

법의 눈(法眼): 일체 법을 분명하게 비춰보는 눈을 말합니다. 보살은 이 눈으로 모든 법의 진상을 잘 알고 중생을 제도합니다.

보살菩薩: 보리살으바 혹은 보리살타菩提薩埵의 준말입니다. 성불하기 위하여 수행에 힘쓰는 사람의 총칭으로 쓰이기도 하며, 넓은 의미로는 대승불교에 귀의한 사람 모두를 말하기고 합니다.

보시布施: 다른 사람에게 어떤 것을 베풀어 주는 것을 말합니다. 보시에는 재시, 법시, 무외시가 있습니다. 재시는 재물을 베풀어 주는 것을 말하고, 법시는 부처님의 법을 전해 주는 것을 말하고, 무외시는 두려움을 없애주는 것을 말합니다.

복福: 세 가지 의미가 있습니다. 착한 일을 하여 복을 짓는다는 의미, 다른 하나는

지은 복이 있으므로 인연법에 따라 받을 복이 있다는 의미, 마지막으로 복을 누리고 있다는 의미가 있습니다.

부처의 눈(佛眼): 최고의 바른 깨달음을 이룬 부처만이 가질 수 있는 눈 혹은 관점을 말합니다.

사구게四句偈: 네 구절 정도의 시 혹은 게송을 말합니다. 그러나 때로는 경전 중의 매우 중요한 짧은 글을 의미하기도 합니다.

삼천대천세계三千大千世界: 세계는 인간이 인식할 수 있는 우주를 말합니다. 소천 세계는 세계의 1,000배 되는 세계이며, 중천 세계는 다시 1,000배, 대천 세계는 다시 1,000배 되는 세계를 말합니다. 따라서 하나의 대천세계는 '세계의 1,000,000,000배 되는 세계'를 의미하며, 삼천대천세계는 다시 대천세계의 1,000,000,000배 되는 세계이므로, 세계의 1000,000,000,000,000,000배 되는 세계를 말합니다.

상호相好: 서른둘의 거룩한 상 즉 32상相과 세부 모습인 80종호種好를 말합니다.

서른둘의 거룩한 상(三十二相): 일반사람에 비해 부처님이 되면 가지게 되는 32가지의 거룩한 모습을 말합니다. 부처님이 아닌 전륜성왕도 꼭 같은 32상을 가지고 있으므로 이것만으로 부처님을 알아볼 수는 없습니다.

수미산須彌山: 세계의 중앙인 금륜 위에 우뚝 솟은 높은 산을 말합니다. 둘레에 7산 8해가 있고 철위산이 둘러있고 물속에 잠긴 것이 8만 유순이며, 물위에 드러난 것이 8만 유순이며, 꼭대기에는 제석천이 있고, 산 중턱에는 사왕천이 있습니다.

아수라阿修羅: 원래는 장난을 좋아하는 신으로 등장하였습니다. 장난을 좋아하는 것을 싸우기를 좋아하는 것으로 오해하여 나쁜 귀신으로 생각하기도 합니다. 그러다가 이제는 무서운 귀신으로까지 인식되게 되었습니다.

아승기阿僧祇: 인도에서 사용하는 매우 큰 수數의 단위입니다. 범어로는 아승기인데 일부 불자님들께서 '아승지'라 하기도 합니다.

육성취六成就: 부처님의 육하원칙을 말합니다. 육하원칙을 참고하십시오.

육신의 눈(肉眼) : 보통 인간들이 가지고 있는 일반적인 눈을 말합니다. 많을 것을 보기도 하지만, 시간적 공간적 제약을 받습니다.

육하원칙 : 경전은 원칙적으로 부처님의 육하원칙으로 시작되어야 합니다(육성취). 사건진술은 부처님의 육하원칙으로 하여야 하는데, 교육부에서 착각하여 키플링의 육하원칙을 가르쳤습니다.

⑴ 우리는 학교에서 '사건기술(기사작성) 육하원칙'이라면서 키플링의 육하원칙을 배웠습니다. 그런데

① 행동의 이유(왜?)는 원칙적으로 무의식에 있으므로 행위자 자신조차도 알 수 없다는 것이 현대정신과학의 입장입니다. 즉 '왜'는 사실이 아니라 추측입니다.

② '무엇'은 '어떻게'와 분리할 수 없으며, '어떻게'의 일부라는 것이 현대논리학의 입장입니다. '어떻게 행동하였는가?'에 '무엇과 어떻게'가 포함된다고 이해하면 될 것입니다.

③ 따라서 키플링의 육하원칙은 4개만이 사실(fact)이며, 하나(왜?)는 추측이고, 하나(무엇)는 공허한 것입니다(무엇을 what, 왜 why, 언제 when, 어떻게 how, 어디서 where, 누가 하였는가? who).

⑵ 우리가 학교에서 배우지 못한 육하원칙 즉 부처님의 육하원칙이 있습니다. 부처님의 육하원칙에는 '聞(who2)과 衆(with whom)이 더 있습니다. 즉 누가 직접 들었으며, 직접 보았는가와 상대 혹은 증인이 누구인가?가 더 있습니다. 부처님께서 말씀하신 육하원칙의 제시순서는 언어에 따라 달라질 수 있습니다.

① 우리말 : 主(who1), 衆(with whom), 時(when), 處(where), 信(how), 聞(who2) : 5W 1H ;

　　부처님이 일천이백 오십명의 스님들과

　　많디많은 보살들과 어느날~ 사위국의

　　기원정사 계시면서 다음같이 하시는걸

제가직접 들었으며 제가식접 봤습니다.

② 한문 : 信(how), 聞(who2), 時(when), 主(who1), 處(where), 衆(with whom) : 5W 1H ; 如是 我聞 一時 佛 在舍衛國祇樹給孤獨園 與大比丘衆千
여 시 아 문 일 시 불 재 사 위 국 기 수 급 고 독 원 여 대 비 구 중 천
二百五十人具及大菩薩衆
이 백 오 십 인 구 급 대 보 살 중

③ 영어 : 時(when), 聞(who2), 主(who1), 處(where), 衆(with whom), 信(how), : 5W 1H ; One day, I heard and saw that the Buddha did at the Jeta-AnathaPindika's park with 1250 monks and a great company of bodhi-sattvas: it went as follows.

(3) 키플링의 육하원칙을 사건기술 육하원칙으로 잘못 가르친 교육부, 아무 생각 없이 이를 추종하는 언론인(기자, 편집인), 법조인(판사, 검사, 변호사, 경찰), 국어국문학자들의 각성을 촉구합니다.

일합상 一合相: 자기가 생각하는 우주 전체를 실체라고 고집하는 생각을 말합니다. 우리는 우리 각자가 창조한 세상에 삽니다. 그런데 자기가 창조했다는 사실을 부정하면서 사는 경우가 많습니다. 태양은 우리 모두가 공동으로 창조한 공업창조물입니다.

장로長老: 지혜와 덕이 높은 사람을 말합니다.

전륜성왕轉輪聖王: 몸에 32상을 갖추고 있으며, 즉위할 때에는 하늘로부터 받은 윤보를 굴리면서 사방을 위엄으로 굴복시키므로 전륜왕 혹은 전륜성왕이라 합니다.

전생지은 죄업(前生罪業): 죄를 지으면 업보를 '죄를 짓는 금생'에서 거의 다 받지만, 일부는 다음 생에서 받을 수도 있습니다. 받는 생에서 보면 전생죄업이 됩니다.

중생衆生: 육도(하늘, 인간, 아수라, 축생, 아귀, 지옥)를 윤회하는 생명체를 통칭하는 말입니다. 금강경에서는 구류 중생을 제시하고 있습니다. 구류 중생도 자세히 보면 구분 차원에 따라서 네 가지 중생(간단히 사생), 두 가지 중생, 세 가지

중생으로 구분되어 있습니다. 육도에 대해서도 다른 견해도 있습니다. 다르다고 해서 틀린 것은 아닙니다. 하늘만 해도 크게 28하늘이 있고, 다시 세분된 하늘이 또 있습니다.

지혜의 눈(慧眼): 하늘의 눈의 기능은 물론이려니와 현재의 것을 보고 과거인연을 전부 알 수 있는 눈을 말합니다.

차별差別: 누구는 어떠어떠해서 존귀하고 누구는 어떠어떠해서 비천하다는 식의 존재 자체를 차별적으로 생각하는 것을 말합니다.

최상승最上乘: 초기 불교를 수행이 낮은 사람이 따르는 길이라고 하여 소승이라고 폄하하고, 자신들은 수행이 높아서 남을 배려하는 힘이 크다는 대승불교가 출현하였고, 다시 대승불교를 비판하는 보살승 혹은 최상승이 출현하였습니다.

탁발托鉢: 수행자들이 먹을 것이나 재물을 구하러 다니는 행동을 말합니다. 탁발을 하는 이유는 가장 간단한 생활을 표방하기 위한 것입니다. 또한 아집이나 아만을 없애고 보시하는 사람의 복덕을 길러주는 행동이기도 합니다.

하느님(天): 하늘나라에 사는 중생들을 말합니다. 하늘의 복이 다하면 다시 육도의 다른 길을 가게 됨으로 아직 중생입니다.

하늘의 눈(天眼): 인간 육신의 눈의 기능은 물론이려니와 하느님들이 가지고 있는 눈, 즉 공간적 제약을 받지 않는 눈을 말합니다. 하늘의 눈이 있는 하느님은 땅 속이나 바다 속 혹은 하늘 구석구석을 볼 수 있습니다.

합장合掌: 두 손바닥을 마주하여 가슴 앞에 두는 행동을 말합니다. 모든 종교에서 가장 거룩한 행동으로 간주합니다. 그런데 불교에서는 일반 사람에 대해서도 합장을 합니다.

현상(법): 색성향미촉법에서의 법은 개개인에게 보여지는 현상을 말합니다. 한자어 법法은 부처님의 진리라는 의미도 있고, 우리말로 '—것'이라는 의미도 있습니다.

빌문

　서울대학교 이장호 교수님의 권유로, '서양의 한계를 극복하고 동서양 통합 상담심리학을 세우기 위해' 이동식 선생님의 교실에서 김종서, 이종익 선생님들과 금강경 공부를 시작하였습니다.

　금강경을 독송하던 중, 필자는 '근원도 알 수 없는, 저 자신의 저 깊고 깊은 곳에서 생명의 빛이 흘러나오는 것'을 발견했습니다. '저와 모든 생명이 함께 하는 빛, 생명의 빛'이 저의 깊은 곳에서 나오고 있었습니다. 내면의 빛뿐만 아니라, 날씨와는 무관하게 밖에서 불어오는 법풍(法風, 진리의 바람)도 저의 몸과 마음을 시원하게 해 주고 있습니다. 많은 분들의 은혜로 출간까지 하게 되었습니다.

　첫째, 무비스님께 참으로 큰 은혜를 입었습니다. 천진난만하시며(?), 대자대비에도 걸리지 않으시는 '살아계시는 대 성현의 모습'으로 참으로 자상한 가르침을 베풀어 주셨습니다.

　둘째, 안형관 선배님과 강수균 선배님을 비롯한 화화회(화엄경과 화이트헤드를 연구하는 모임) 회원들에게 고마운 마음을 전합니다. 20년 세월 동안 매주 원고를 교정해주고 가르쳐 주신 두 분 선배님과 강태진, 김정옥, 김정자 선생님들께 특히 감사드립니다. 화화회에서 같이 했던 수많은 회원님들에게도 깊은 감사를 드립니다. 가려운 곳을 긁어주고 모자라는 곳을 채워준 김남경 교수님께도 심심한 감사를 드립니다.

　셋째, 눈이 되어주고 귀가 되어주고 손발이 되어주신 보리행 박혜정 보살님, 수선행 이수진 보살, 해광 조재형 거사에게도 고마운 마음을 전합니다.

　넷째, 출간을 허락해준 도서출판 운주사 김시열 사장님과 출판과 관련하여 '필자의 이런 저런 까다로운 요구'를 다 견뎌주고 협조해주신 임직원님들께도 감사를 드립니다.

　마지막으로, 불교계의 어려운 출판 사정을 고려하여 출판에 많은 도움을 주신 동참회원님들께도 심심한 감사의 마음을 전합니다. 많디 많은 십시일반 동참회원님들과 108 동참회원님들의 동참으로 수월하게 출판할 수 있었습니다. 이 인연 공덕으로 부처님의 무량 복을 누리시고, 속히 성불하옵소서.

법보시 동참 계좌

신한은행 110-354-890749　조현춘(가사체금강경독송회)

이 통장으로 입금되는 보시금은 전액 '지정법당·군법당·병원법당·교도소·불교학생회 등에의 법보시, 불교기관에의 보시'로만 사용합니다.
고맙습니다. 참으로 고맙습니다.

가사체 금강경 독송회
대심 조현춘 010-9512-5202 합장

법보시 108 동참회

1) 도일스님
2) 수보리스님
3) 남봉연
4) 이진우
5) 민경희
6) 고/안형관
7) 강수균
8) 강태진
9) 김정옥
10) 김정자
11) 박혜정
12) 조재형
13) 이수진
14) 조성흠
15) 조성윤

16) 서울독송회
17) 대구독송회
18) KBS독송회
19) 청안사
20) 미/정각사
21) 송불암
22) 북대암
23) 이순랑법사
24) 김남경
25) 해원보살
26) 오일수
27) 유명애
28) 권준모
29) 방애자
30) 정인숙

31) 세심화
32) 정혜거사
33) 고/대원화
34) 마가스님
35) 이종선
36) 박은희
37) 한지민
38) 보명법사
39) 김형일
40) 장충효
41) 도윤희
42) 김임용
43) 배문주
44) 배영주
45) 부산 보현회

46) 박경아
47) 진여심
48) 김대진
49) 도안스님
50) 고/강호진
51) 법현스님
52) 고/박종순
53) 진주 용화사
54) 운성스님
55) 이인자

◉ **무비無比 큰스님**(전 조계종 교육원장)은

부산 범어사에서 여환스님을 은사로 출가. 해인사 강원 졸업. 해인사·통도사 등 여러 선원에서 10여 년 동안 안거. 오대산 월정사에서 탄허스님을 모시고 경전을 공부한 후 '탄허스님의 법맥을 이은 대강백'으로 통도사·범어사 강주, 조계종 승가대학원·동국역경원 원장 역임. 지금은 범어사 화엄전에 주석하시면서 후학을 지도하며 많은 집필활동과 더불어 전국 각지의 법회에서 불자들의 마음 문을 열어주고 있습니다.

(다음 카페: 염화실)

◉ **대심大心 조현춘**(가사체 금강경 독송회)은

서울대학교 이장호 지도교수님의 권유로 '동서양 통합 상담심리학'을 세우기 위해 금강경 공부 시작. 30여 년 교수생활 중에 계속 '불교경전과 상담심리학'이라는 주제의 논문 발표. 화엄경과 화이트헤드 연구회·법륜불자교수회·한국동서정신과학회·한국정서행동장애아교육학회·대한문학치료학회 등의 회장을 역임하였습니다.

(다음 카페: 가사체금강경)

"무비스님·조현춘 공역 불교 경전"의 내용은 신행수첩, 법요집, 해설집, 불교의식집, 불교성전 등에 활용할 수 있으며 파일도 제공해 드립니다. 더불어 저작권을 존중하여 내용을 수정하지 마시기 바랍니다. 대심거사 조현춘(010-9512-5202) 합장

가사체 금강경과 정본 한문 금강경

초판 1쇄 발행 2023년 1월 10일 | 초판 2쇄 발행 2024년 1월 25일

공역 무비·조현춘 | 펴낸이 김시열

펴낸곳 도서출판 운주사 (02832) 서울시 성북구 동소문로 67-1 성심빌딩 3층

　　　전화 (02) 926-8361 | 팩스 0505-115-8361

ISBN 978-89-5746-724-4 03220　　값 9,000원

http://cafe.daum.net/unjubooks 〈다음카페: 도서출판 운주사〉